JN065907

大学で学ぶ
沖縄の歴史

宮城弘樹・秋山道宏・野添文彬・深澤秋人
[編]

吉川弘文館

プロローグ

『大学で学ぶ 沖縄の歴史』は、琉球沖縄のたどってきた「あゆみ」（通史）を、先史・古代から現在の沖縄社会までたどりながら学べるテキストとして編集されています。

2022年（令和4）は、戦後27年間の米軍統治が終わり、沖縄が日本に復帰して50年目の年でした。沖縄ではこの「世替わり」を「アメリカ世からヤマト（日本）世へ」と呼ぶこともあります。そして、先史・古代から現代にいたるなかでの琉球沖縄の「あゆみ」は、中国、日本やアメリカと向き合うなかで、いくつもの「世替わり」に直面してきた歴史でもありました（viiの図を参照）。

この繰り返す「世替わり」を受身的なものと捉えれば、島津氏の琉球侵攻や近代初頭の「琉球処分」、そして沖縄戦後の米軍による占領統治などは、「大国に翻弄された歴史」として描くこともできます。一方、琉球沖縄の人々が、大国に翻弄され、支配されることがありながらも、それに粘り強く抗ってきたものとして歴史を理解すれば、「支配と抵抗」という歴史像も浮かび上がってくるでしょう。いずれの歴史像も、琉球沖縄のたどってきた歴史の重要な局面に光を当てています。

しかし、先史・古代から現在に続く琉球沖縄の「あゆみ」は、「大国による翻弄」や「支配と抵抗」といった歴史像だけにとどまらない、人々の営みや苦悩（痛み）にも目を向けさせます。貝塚文化におけるサンゴ礁の海との豊かな関わりや大海に船を出した琉球国の繁栄も、近代化のなかで戦争（沖縄戦）へと内発的に「協力」させられてゆく姿も、俯瞰的、複眼的に眺めれば様々な姿が見えてくるでしょう。

このような豊かな歴史像は、日本史の枠に収まりきらない琉球沖縄の「あゆみ」のユニークさからくるものでしょう。その意味で、本書は、大学の授業で用いるテキストにとどまらず、多くの人々に届けたい「作品」ともなっています。

たとえば、本書を届けたい先の一つが、大学以外の教育現場です。2022年度から全国の高等学校では、近現代を主な対象とし、日本史と世界史をつなげて学ぶ「歴史総合」の科目が新たに始まりました。日本史の枠にとどまらない琉球沖縄という地域を入口とすることで、歴史への学びが深まることでしょう。

また、上記のような教育面でのポジティブな動きの一方で、基地問題などを対象として、沖縄と日本本土の温度差が語られ、沖縄への無理解やフェイクニュース、なかには「沖縄ヘイト」（沖縄への差別的発言）までがメディアやSNSで出回っています。とりわけ、現代の沖縄をめぐる諸問題は、「賛成か、反対か」や「正しいか、間違っているか」という二分法にからめとられがちですが、琉球沖縄の「あゆみ」を学ぶことを通して、目の前の問題が生じてきた歴史的な背景に目を向けることも大切でしょう。そのような意味で、本書は、沖縄県外で学ぶ学生や多くの市民の方々にも開かれた「作品」となっています。

さて、こういった特徴を踏まえ、本書の成り立ちや中身の読みどころについても触れておきましょう。沖縄は、他の都道府県に比しても歴史への関心が強い地域だと言えます。たとえば、このことは、沖縄戦や移民といったテーマについて、市町村単位だけでなく集落レベルまで含め、「聞き書き」や調査研究を進め書物として残していることからもうかがえます。また、沖縄県の教育委員会が中心となり、2022年7月には『沖縄県史』の『考古』から『現代』（日本復帰後から現在まで含む）までが発刊されています。

このような豊富な蓄積がある一方で、最新の研究水準を踏まえつつ、先史・古代から現代までを通観する入門的なテキストは、意外なことにあまりありませんでした。沖縄の復帰の年は、沖縄国際大学が誕生した年にもあたります。復帰および開学50年の節目に、吉川弘文館から既刊『大学で学ぶ東北の歴史』の「沖縄版」を沖縄国際大学の書き手でぜひ出版したいという依頼がありました。沖縄という地域に根ざし、地域の歴史に関する教育研究に長年携わってきた沖縄国際大学の教員としては願ってもない貴重な依頼でした。

結果的に、本学で非常勤講師をされている研究者や南島文化研究所の特別研究員の方々にもお力添えをいただき、学部横断的なかたちで書き手を募り、本書を編むことができました。そこには、総勢24名の書き手が集い、考古学や歴史学（ヨーロッパ史・日本史・琉球沖縄史）にとどまらず、社会学、政治学、民俗学や琉球文化・言語の研究者も加わったため、多様な専門領域からの視点を盛り込むこともできました。

編集にあたっては、テキストという性格もあり、できるだけ通史的な記述を心がけましたが、上のような書き手の多様性を生かしたテーマ的な叙述も各章とコラムの随所に生かされています。

また、現在の時代変容に合わせたコラムと、本学ならではの「特論」も配置しました。コラム12では、「情報との向き合い方」をテーマとし、インターネットやSNSなど歴史を学ぶ際の情報源が拡大し、多様化するなかで、信頼に足る歴史資料（デジタルアーカイブ）の活用方法についても触れています。加えて、「特論」では、2004年8月13日に起こった本学への米軍ヘリ墜落事故についても取り上げています。ここでは、当時学生として事故を間近で体験した者の視点から、事故対応の問題点や、事故の教訓や記憶をどう残そうとしたのかを描いています。軍事基地を常に身近に置きつつ、大学において教育研究に携わるということが、どのような苦悩（痛み）や緊張関係を伴うものか、軍事と教育が両立するのか、といった問いを鋭く突きつける「特論」となっています。

最後に、めまぐるしく変化する現代社会に生きる私たちにとって、琉球沖縄の「あゆみ」を学ぶことが、どのような意味をもつ営みかに触れたいと思います。現在、沖縄の歴史教育や調査研究に欠かせない存在となっている沖縄県公文書館の入口には、「沖縄学」の父と呼ばれる伊波普猷の次の言葉が掲げられています。

深く掘れ己の胸中の泉　余所たよて水や汲まぬごとに

この琉歌は、ドイツの哲学者であるF・ニーチェの箴言である「汝の立つ所を深く掘れ　其処には泉あり」を翻訳したものとされています。琉球沖縄の人々が生き、生活を営んできた「あゆみ」を学ぶことは、私たち自身の寄って立つ「いまここ」にある「泉」を掘り起こし、未来へとつなげることではないでしょうか。そして、この「あゆみ」の蓄積は、現在の沖縄だけに閉じたものではなく、アジアや世界に開かれた豊かな「泉」でもあるでしょう。

本書が、大学でのテキストとして、そして多くの人々の「泉」を掘り起こすきっかけとなれば幸いです。

2023年3月

編集者一同

琉球沖縄の「あゆみ」(通史)

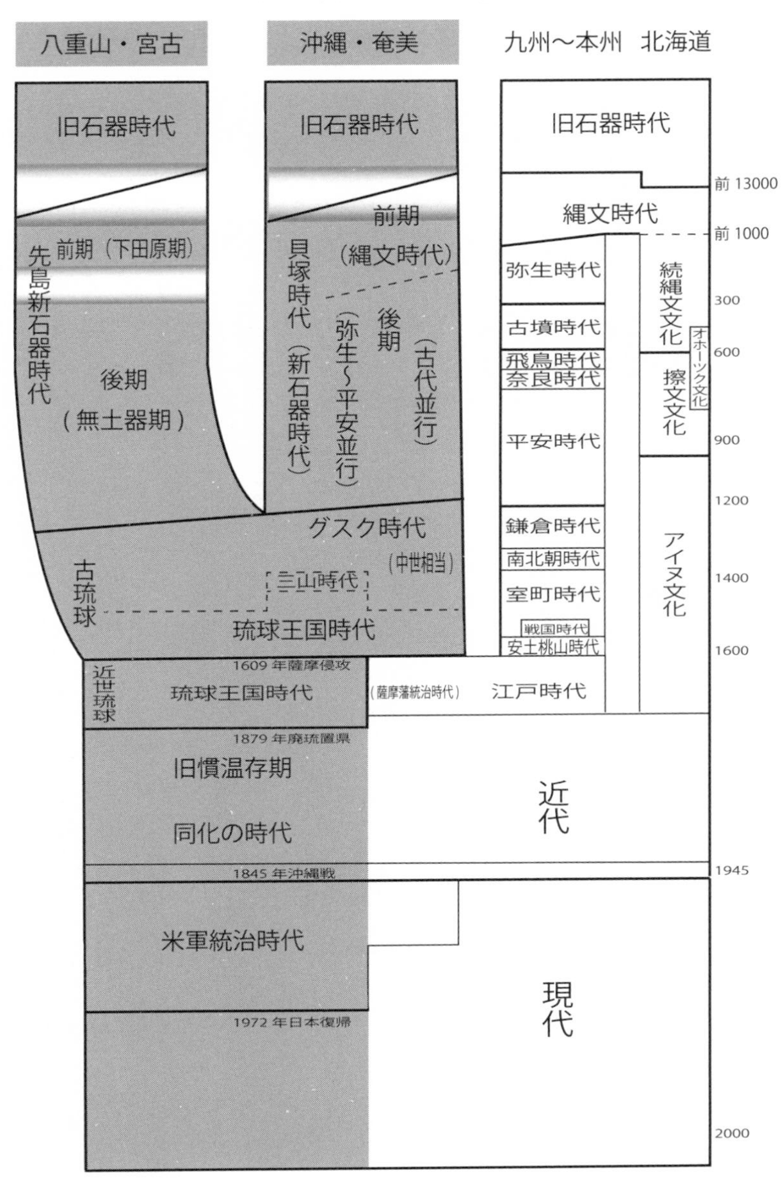

八重山・宮古
沖縄・奄美
九州～本州
北海道
旧石器時代
旧石器時代
旧石器時代
前13000
縄文時代
前1000
先島新石器時代
前期（下田原期）
後期
（無土器期）
貝塚時代（新石器時代）
前期
（縄文時代）
後期
（弥生～平安並行）
（古代並行）
弥生時代
300
古墳時代
600
飛鳥時代
奈良時代
平安時代
900
続縄文文化
オホーツク文化
擦文文化
1200
アイヌ文化
グスク時代
（中世相当）
古琉球
三山時代
琉球王国時代
鎌倉時代
南北朝時代
1400
室町時代
戦国時代
安土桃山時代
1600
1609年薩摩侵攻
近世琉球
琉球王国時代
（薩摩藩統治時代）
江戸時代
1879年廃琉置県
旧慣温存期
同化の時代
近代
1845年沖縄戦
1945
米軍統治時代
現代
1972年日本復帰
2000

目　次

IV 近 代

V 現 代

I

先史・古代

旧石器時代

—島にたどり着いた更新世人類の足跡—

島にたどり着いた更新世人類

沖縄には誰もが認める旧石器時代のいわゆる打製石器が発見されていない。しかし、沖縄本島の南部で発見された港川(みなとがわ)人や、石垣島で発見された白保(しらほ)人に代表される更新世の化石人骨が国内で最も多くみつかっている。これらの化石人骨を中心とする研究から、およそ3万〜2万年前の琉球列島の島にはすでに人がいたことが明らかになっている。

彼らが島にたどり着くためには、これまで大陸と陸続きの時代に歩いて渡ってきたものと説明されてきた。しかし、近年の地質学など自然科学分野の研究によれば、最も海水面が下降した最終氷期最寒冷期においても大陸とは繋がらず、本地域はすでに島になっていたと理解されている。このことから、最初に沖縄本島や石垣島にたどり着いた人は、舟を用いてやってきたと考えられている。

人類活動の痕跡

沖縄県における人類活動の痕跡を示すとされる遺跡は、これまでに10遺跡ほど知られている。

沖縄県内で最も古い人骨出土遺跡としては、那覇市の山下町(やましたちょう)第一洞穴遺跡がある。ここで発掘された子どもの脚の骨は、おおよそ3万6000年前頃とされている。山下町第一洞穴の調査で出土した遺物の中には、砂岩製の球状の石器などが出土している。類例に乏しく評価はさまざまだが、本地域における数少ない石器として人工品と考えられている。

人骨の出土例として最も有名なのは、沖縄本島南部の八重瀬(やえせ)町の港川遺跡で発見された港川人だろう。1970年(昭和45)地元の実業家大山盛保(おおやませいほ)によって港川遺跡から発見された。

九州以北の旧石器時代遺跡はその多くがいわゆる開けた台地上に営まれた人々の痕跡であるのに対し、沖縄で発見される遺跡はいずれも、洞穴や石灰岩の割れ目(フィッシャー)といった立地となっている。一般に遊動生活をしていたと考えられる旧石器時代の人々にとって、石灰岩にぽっかりと口を開けた洞穴は、雨風をふせぐ暮らし良い居住地として、あるいは死者を弔った墓地として選ばれたと理解されている。加えて、石灰岩からなる島の特殊な堆積環境が骨を風化から守る作用もあった。沖縄で多くの化石人骨が発見される理由の1つと理解されている。

港川人と白保人

港川人は国内でも復元可能なほぼ全身に近い人骨として知られている。代表的な人骨として1号から4号の4体が知られ、男性が1体、女性が3体みつかっている。港川人に関しては、形質人類学分野からさまざまな研究が行われている。古人骨研究の権威鈴木尚(ひさし)によって、日本列島の縄文人に類似することが指摘され、その起源としては大陸の柳江(りゅうこう)洞人などと関わりのある原モンゴロイドにあるとされてきた。その特徴は全体的に華奢な上半身で、身長も1号人骨は男性で約153cmとされている。

近年港川人に関して、新しいアプローチが行われ、新たな見解が示されている。1つは、下顎骨の形態から従来考えられていた縄文人の祖先という説が否定され、その特徴からニューギニアやオーストラリアの先住民など東南アジアにかつて広く分布していた集団に近いという研究が示されている。2つ目は、古人骨のDNA分析から、港川人と縄文人は共通の祖先から枝分かれしたものだが、港川人の方は子孫を残せず途絶えた可能性が指摘されている。更新世人類のDNA研究は事例が少ないが、今後精度の高いさまざまな分析が試みられることで、新しい港川人が提示されることが期待される。

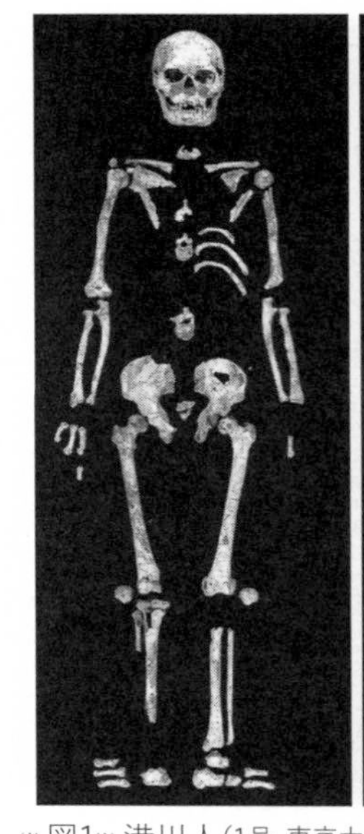
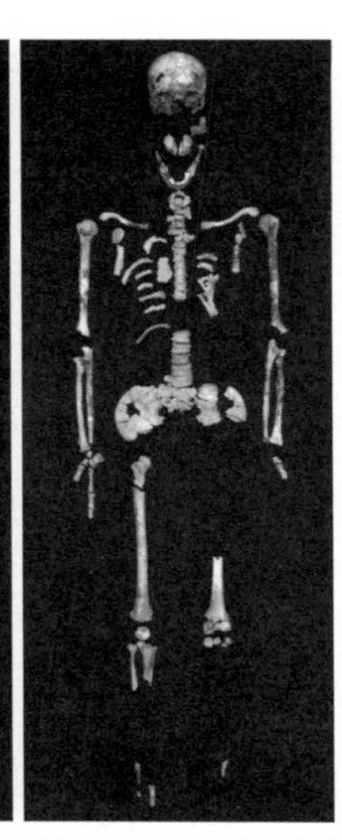

図1 港川人（1号、東京大学総合研究博物館所蔵）【左】と白保人（4号、沖縄県立埋蔵文化財センター所蔵）【右】

白保竿根田原（しらほさおねたばる）洞穴遺跡は、石垣島の新空港建設に伴って2010年（平成22）から数次にわたり沖縄県立埋蔵文化財センターが中心になって発掘した。その後空港の一部が設計変更され、発見地は国の史跡に指定されている。この遺跡の調査成果は、何といっても港川人発見以来、復元可能なほぼ全身に近い人骨が複数出土したことである。この発見によって、港川人との比較検討が可能となった。白保人の身長は港川人と比べて高かったこと、華奢な港川人に比べ屈強な上半身をもつこと、また外耳道骨腫（がいじどうこっしゅ）を有することなどが明らかにされている。考古学的に重要な成果として、これまでの沖縄の旧石器時代遺跡の出土人骨と異なり、ほぼ解剖学的な位置を保って出土したことが挙げられる。4号人骨は、その出土状況から洞穴の岩陰に風葬されていたと推定されている。白保人ではミトコンドリアDNA分析が行われた。その分析結果から、よく似たタイプの集団が南に多いことから、白保人は南からの人類移動による人々である可能性が指摘されている。

道具の謎

沖縄では更新世の化石人骨が多く発見される一方で、明確な石器の出土例がほとんどない。この地域の旧石器時代の道具として、長くシカ類の骨を使った骨器の存在が指摘されてきた。シカ類は現在の沖縄では生息しておらず絶滅動物である。そのシカ類の管状骨先端が二股になったものが戦前より洞穴遺跡から数多く報告されてきた。これらは「叉状骨器」と名づけられ、更新世人類が加工を施した利器として、長く人工品であると考えられてきた。

しかし、島に生息する野生のシカが骨をかじる異食行動によっても骨端が叉状になることが報告され、道具と思われていた出土品は、シカの異食行動が生み出した自然物として現在では人工品であることが否定されている。ただし、出土シカ類の骨のすべてが自然物ともいえず、あるいは人が関わった痕跡があるのかについての探求は、今後続けられるべき課題となっている。

2009年（平成21）から実施されるサキタリ洞遺跡の調査では、約2万年前の堆積層から貝の道具と指摘される出土品が数多く発見されている。具体的には調査区Ⅰの Ⅰ 層（約1万4000~6000年前）からは石英製の不定形な剥片が出土し、これが人工物であることが指摘されている。また、これに伴う穴があけられた巻貝（マツムシ）は貝製装身具としてビーズであると報告されている。Ⅱ層（約1万9000～2万3000年前）からは、巻貝（ニシキウズ科）で作った釣針、二枚貝（シマワスレ）の貝の利器などが出土する。

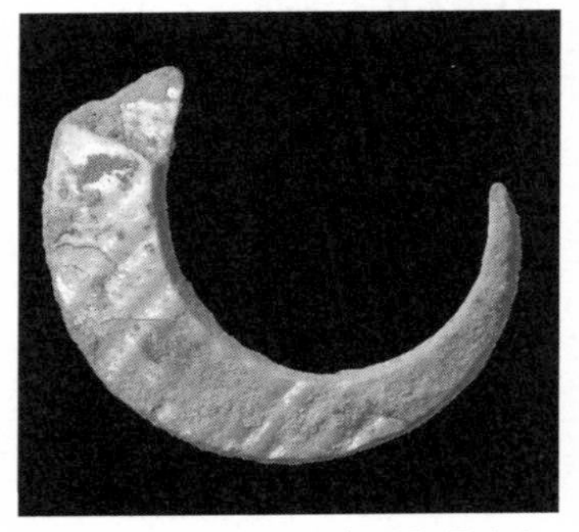

図2 サキタリ洞穴で発見された釣針（沖縄県立博物館・美術館所蔵）

沖縄の港川人や白保人のような更新世

人類が使った道具については、サキタリ洞などの新しい発掘調査の成果と継続的な分析によって、その検証が現在も続けられている。これらの調査成果によって新しい道具の発見を期待するところだが、現時点で道具として形の整った打製石器の出土がないことから、本地域の旧石器時代は、九州以北の大型動物を狩猟採集するために発達した黒曜石などの定型化した石器を使う文化とは異なり、身の周りで手に入る少し硬い石の欠片や貝を打ち割った道具が使われたと評価されている。

そもそも、遺跡の発掘調査では植物素材の道具は長い年月を経て土中で消えてなくなってしまうことを考えれば、港川人や白保人などは、もっぱら植物素材の道具を使っていたのだろう。一般的に資源が豊かな熱帯、亜熱帯地域における石器文化は手の込んだ造りのものは少ないとされている。かつては、複雑な加工を施す道具は進歩的と捉える向きもあったが、現在では各地域の環境に寄り添った適応の型と捉えられている。

一見すると考古学者にとっては道具が乏しいとする状況も、新しい発見と調査方法の導入によって島を闊歩する人々の様子を次第に明らかにしつつある。

海に沈んだ陸域の可能性

現在沖縄県下で知られる最古の新石器文化は、沖縄諸島では爪形文土器が登場する約8000年前、八重山諸島では下田原式土器出現の古いほうの年代をとっても約4800年前頃とされ、更新世人類の化石人骨が発見されるまでのあいだには、人類活動を示す考古学的証がない約１万年間の空白期が存在している。このため、本地域は一時的に無人島になっていた可能性も指摘されてきた。

この遺跡未発見の１万年の空白期を埋める可能性のある出土遺物が、最近になって続々と発見されている。沖縄諸島では、藪地洞穴遺跡から爪形文土器が出土した層の下から新たな土器が発見され、洞穴奥部に設けた調査地区からは、現在の沖縄には生息しないハイガイや型式未設定の押引文土器、波状文土器が出土した。年代は約1万年前に遡り、これは国内最古級の貝塚の様相を呈するという。類似の土器は他にサキタリ洞遺跡からも報告されており、こちらは年代測定から約9000年前頃とされる。

また、先に紹介した白保竿根田原洞穴遺跡の完新世前半の堆積層（ⅢB層）から、人骨、礫石器、石英製の剥片、イノシシ骨とともに土器片が出土し、付着炭化物の年代測定結果は約1万年前と報告された。これも空白期を埋める新たな遺物として注目を集める。

さらに、宮古島のツヅキスピアブは、イノシシ骨とともにチャート石材が出土し、人為的なものか不詳としながらも、当地では産しないチャート片であることから、約9000年前頃に人の手によって洞穴まで運ばれた可能性が想定されている。これに伴うイノシシ骨の年代は約9000年前とされる。

この時代、すなわち寒冷期から暖かくなった頃の遺跡は、実はその多くが海の底に沈んでしまったと考えられている。琉球の島々に人が住みはじめたのは旧石器時代に遡るが、彼らが継続的に子孫を残し島に住み続けたのか、あるいは島に適応できずに絶滅あるいは移り住むなどして島が一時的に無人化していたのか、空白期を埋める可能性のあるこれらの遺跡の多くは海に沈んでいる可能性が高い。

【参考文献】

山崎真治『島に生きた旧石器人・沖縄の洞穴遺跡と人骨化石』シリーズ「遺跡を学ぶ」（新泉社、2015年）
沖縄県立埋蔵文化財センター編『重要遺跡範囲確認調査報告書2―総括報告編―』（同センター、2017年）

沖縄貝塚文化

—サンゴ礁とともに暮らした狩猟採集民—

亜熱帯の海と貝塚文化

赤道付近で暖められた黒潮は、北上してフィリピンの東から台湾の南岸に達し、そこから東シナ海側に流れ込み、琉球列島の小さな島々の西岸を洗う。その温暖な海流は約8000年前頃から島々の取り巻く造礁(ぞうしょう)サンゴを徐々に発達させた。通常、透明度の高い浅海(せんかい)は、植物プランクトンが貧弱で栄養価が低いが、造礁サンゴ地域は例外的に栄養価が高く、多様な魚類・貝類の生息地を育み、沖合から打ち寄せる高波を消波する防波堤となって、島々の人にとって豊かで安全かつ安定した食料資源を保証してきた。

貝塚文化とは、主に奄美・沖縄諸島を中心とした地域において、サンゴ礁環境下で主要食性貝類の大半を依存し、厚い貝殻を用いた多様な生活道具や装身具を生み出し、それを約8000～1000年前までの長期にわたって継続・発展させた文化である。主に九州の縄文・弥生・古墳・古代文化と散発的・継続的に交流しながらも、一種の独特な文化圏を築いてきた。

海生貝類の食性は、8000年前頃からサンゴ礁型（マガキガイ・チョウセンサザエ・サラサバテイラ・ヤコウガイなどの採集）が多く、約4000年前頃に、サンゴ礁型とマングローブ型（オキシジミ・キバウミニナ・アラスジケマン・シレナシジミなどの採集）がほぼ同数、次の段階になると再びサンゴ礁型が卓越して約1000年前まで継続する。また、捕食された海生・陸生の脊椎動物からみると、約8000年前にイノシシを利用することが多いものの、その後は一貫して、ブダイ科、フエフキダイ科、ベラ科といったサンゴ礁域やその周辺の内湾浅海環境の魚類と、イノシシ猟を組み合わせた生業となっている。植物質食料としては、貝塚文化全期間を通して、堅果類（イタジイ・スダジイ・マテバシイ・オキナワウラジロガシ・タブノキ・コナラ属など）に依存しており、栽培植物は確認されていない。

島嶼（とうしょ）部という限定的な資源環境のなかでは、種の絶滅や資源の枯渇がしばしば起こるとされているが、現在の琉球列島の考古学的データからは、そのような状況は確認されておらず、限られた環境下で、貝塚時代という約7000年間の長期にわたり、自然と共生してきた特性が判明してきている。

貝塚文化の特性

先史時代（文字のない時代）を時期区分する指標は、土器型式（様式）である。粘土から作られるという特性から、時代ごとの流行に敏感に反

図3 サンゴ礁環境（与論島）とその魚類・貝類

図4 蝶形骨製品と多種の貝製品(沖縄国際大学考古学研究室所蔵)

応して造形され、その流行が比較的短期間で変化するため、日本列島各地で時期差と地域差をもった多様な型式を生み出してきた。考古学ではこれを時間軸として暦がわりに使用する。貝塚文化でも同様で、現在、トカラ列島・奄美諸島・沖縄諸島に分布する土器は深鉢形(ふかばちがた)であり、約5000年前頃からは、口の部分に4～5ヵ所の突起をもつ波状口縁(はじょうこうえん)も存在することから、おおむね縄文土器の系譜に連なると考えられている。しかしながら、土器の器面に縄を転がしてつける縄目文様がないことや、九州・本州と比較した際の各土器様式開始期に大幅なズレがあること、その起源についての詳細が不明であること、一貫して尖底・丸底の、設置に不安定な土器を好むなど、地域的特性を見ることができる。また、縄文時代を特徴づける狩猟具(石槍・石鏃(せきぞく))や漁撈具(ぎょろうぐ)(釣針・銛(もり)・ヤス)などの種類が乏しいことや、石棒や土偶などといった縄文文化の精神性を反映するような道具の類が著しく少ないことなどから、日本列島の温帯系の縄文文化に対して、亜熱帯系の「琉球縄文文化」という枠組みで説明しようという考えもある。

貝塚時代前期は、同様の生業体系である狩猟採集社会の縄文時代に並行するが、九州・本州で農耕社会が開始される弥生文化や、全国的な前方後円墳築造に表象されるような階層化が強化された古墳文化も、琉球列島に定着することはなかった。東アジア諸国と政治的・文化的なつながりを持ちながら、8世紀以降、国内の支配を進めた中央集権国家が近畿で成立し、天皇と貴族を中心とした政治支配体制が形成された頃も、琉球列島では海産・陸産資源に依存し、安定した狩猟採集社会を継続していたゆえに貝塚時代後期と呼ばれる。

墓にみる貝塚文化

貝塚文化の墓は、閉鎖空間である隆起サンゴ礁の岩陰や洞穴、あるいは開けた臨海砂丘地などで多く確認される。いずれも人骨や、当時の貝製・骨製装身具、葬具などが良好に残ることが多い。埋葬された死者に対する副葬品（葬具）には、土器、石器が用いられることもあるが、圧倒的に多いのが各種の貝製品および自然貝であり、サンゴ礫（れき）なども使用される。自然貝やサンゴ礫などはいずれも海辺で採集されたことを示す水磨（水による摩耗）を受けたものが多い。沖縄諸島ではシャコガイを利用したものも多く、死者の目の部分に置くもの、胸の上に置くもの、下腹部や足元に置くもの、背中に配置するもの、２つの貝で頭を挟み込むもの、シャコガイだけでなく、多種の二枚貝を腕に沿って配置するものなど、バリエーションがある。頭骨などの抜き取られた墓坑の外にホラガイが安置された例などもある。以上のような身体の特定個所に副葬品を置く例は、生前の病的疾患の治癒への祈願、あるいは死者を畏れ、動きを封じ込めるなどの呪術的な意味合いなどがあると考えられている。死者が身に着けていた装身具はブレスレット（貝輪など）やネックレス（ヒスイ・貝小玉など）などがあるが、やはり墓で出土する装身具類もまた、海産素材が多いことが特色である。約4000年前から、埋葬施設として石囲（いしがこい）や石棺などを構築する例があるが、それも琉球石灰岩やサンゴ礫などを用いる。

貝塚文化の精神性

琉球列島において、縄文時代のように土偶や石棒など祭祀行為に伴う遺物は少ないことは先述したが、これに対応する琉球列島の遺物として、約4000年前から沖縄諸島で発達する、貝製・骨製の獣形製品や蝶形製品がある。特に蝶形骨製品は、琉球列島の温かい浅海域に生息するジュゴンの骨でその大半が製作されており、美しい入り組み文様や山形文様などを刻む。同文様をもつ大型の石製品もある。装身具の１つには、サメの歯だけでなく、それを貝で模造した貝製品なども沖縄諸島では卓越し、サメの威を身につけるなどの想定がされている。

貝塚文化の交流

約6000年前に、九州系の曽畑（そばた）式土器が沖縄諸島まで定着するのを皮切りに、その後も散発的に少量であるが、南九州や西日本の土器がもたらされるようになる。約4000～3000年前頃から、九州系土器が頻繁にもたらされるようになり、西日本系の土器や東日本系の大洞（おおぼら）式系統の土器が琉球列島で散発的に確認されている。この時期には石鏃文化が定着するようになり、佐賀県腰岳（こしだけ）産黒曜石や新潟県糸魚川産ヒスイ、奄美・沖縄には生息していないニホンシカの鹿角製品なども出土するようになることから、対外的な交流も活発化していることが分かる。これらの時期の琉球列島側の交易資源が何であるかは明らかではない。

約2500年前～6世紀には「南海産貝交易」を背景として、九州地域を中心とした日本との結びつきをもっていた。この貝交易は、沖縄諸島を中心としたゴホウラ・イモガイ、大隅諸島・トカラ列島・奄美諸島を中心としたオオツタノハなど、琉球列島産の大型貝の貝輪を九州・本土に輸出する交易である。これらは弥生時代中期の九州を中心に祭祀者の装身具として用いられ、古墳時代には特定個人の威信財として使用されるようになる。多量の九州系の弥生土器や金属製品、石器などが沖縄諸島を中心とした琉球列島で出土し、また、沖縄諸島で大型貝の集積遺構が検出されるのは、この交易によるものであると考えられている。

約7～11世紀には、中国や日本列島に対し、螺鈿(らでん)素材や希少品としてのヤコウガイ交易があったのではないか、との想定もなされている。フワガネク遺跡・マツノト遺跡（奄美市）などのヤコウガイが大量に出土する遺跡は、その供給地点を示すものと考えられており、琉球列島で確認される中国唐代の銭貨開元通宝や鉄器類がその対価物と想定されている。古代日本との交易が存在したのか未だ確定的ではないものの、琉球列島における海産資源の重要さを認識できる魅力ある説の１つである。

貝塚時代後期から重要性を増す琉球列島の交易資源は、亜熱帯のサンゴ礁域周辺に生息する重厚で美しい貝類の殻であった。

これらの遠隔地交易を支えたのは、豊かな海の幸だけでなく、台地上に構築された陥穴(おとしあな)、イヌなどの家畜動物、飛び道具である打製石鏃などの狩猟文化を含め、湿地帯に設置された堅果類貯蔵施設など、外部からもたらされた要素も関わっている。計画性をもった生業活動は人口を増加させ、土地にこだわる拠点的集落形成に寄与し、時間的ゆとりは、複雑な彫刻を施した骨製品・貝製品文化の発達を促した。これは島嶼環境のみで出現したものではなく、主に日本の縄文・弥生・古墳・古代文化との交流・交易のなかで、情報が取捨選択されながら蓄積され、遠隔地交易に対応するだけの土壌が生み出された結果である。

琉球列島のサンゴ礁文化

上記でみてきたように、琉球列島において他の文化と異なる土器様式、多様で壮麗な貝製品文化、精緻な骨製品文化を生み出し、長期間の遠隔地交易を支えたのは、サンゴ礁域にその多くを依存した狩猟採集社会なのである。

その恩恵は、先史時代貝塚文化に限られたことではない。ごく最近までサンゴは屋敷の石積み、柱を支える礎石、加工されて桶、蔵骨器(ぞうこつき)などにも利用された。サンゴ礁から得られる貝類もまた、魔除け、ヤカン、網の錘(おもり)、遊具としても広く用いられたことが民俗事例からも明らかである。

現在の我々が直面する基地開発や港湾整備の埋め立てなどに対するサンゴ礁の保全問題は、数千年と受け継がれてきた海に関わる伝統文化や海域資源観光に立脚した経済基盤を、持続できるのか失うのか、という問いそのものである。

【参考文献】

高宮広土・伊藤慎二編『先史・原史時代の琉球列島』(六一書房、2011年)
高宮広土・新里貴之編『琉球列島先史・原史時代における環境と文化の変遷に関する実証的研究論文集』(六一書房、2014年)
沖縄考古学会編『南島考古入門』(ボーダーインク、2018年)

貝交易

波涛を越え貝がつないだ異文化

暖流黒潮があらう琉球列島では、造礁サンゴが生育するための条件を満たし、多様な魚類、貝類が生息する自然豊かな海域を形成した。その海域の重厚な大型巻貝（ゴホウラ・イモガイ）と大型二枚貝（オオツタノハ）を、九州・本土の弥生・古墳文化では装身具、あるいは副葬品として珍重した。今から約2800年前〜1400年前頃のことである。

教科書でもおなじみのように、弥生時代に大陸から伝わった水田稲作は、古墳時代までには九州・本州一円を農耕社会へと変えた。この時期に対応する琉球列島の貝塚時代後期文化は、島嶼環境という極めて限定された資源環境に身を置きながら、漁撈と採集を生活の中心にすえる自然と調和した狩猟採集社会であった。この２つの異なる生業基盤をもつ文化間を、長期にわたって密につなぐ役割を果たしたのが南海産貝交易である。

弥生時代の初め頃（約2800年前）、西北九州沿岸部の漁撈民が最初に南海産貝を入手し、腕輪とする習俗を始めた。これが九州平野部の農耕民に拡がり、やがて装着数を競うことになる（60遺跡671点：木下尚子調査）。これが貝交易の消費地側の原動力となった。大量の貝輪を入手すべく、南九州、トカラ列島、奄美諸島と中継地を増加させながら、安定的に入手できるよう合理化した。ところが、約2000年前頃からの大量消費はその価値を徐々に低下させることにつながり、約1800年前には衰退してしまう。

それから200年ほどたった古墳時代（4世紀）、南海産貝の価値が再び脚光を浴び、5世紀には九州の古墳で大量消費されるようになる（87遺跡265点：中村友昭調査）。その契機となったのが、その時期最も南海産貝を消費した琉球列島の種子島であったと考えられている（2遺跡482点：木下尚子調査）。

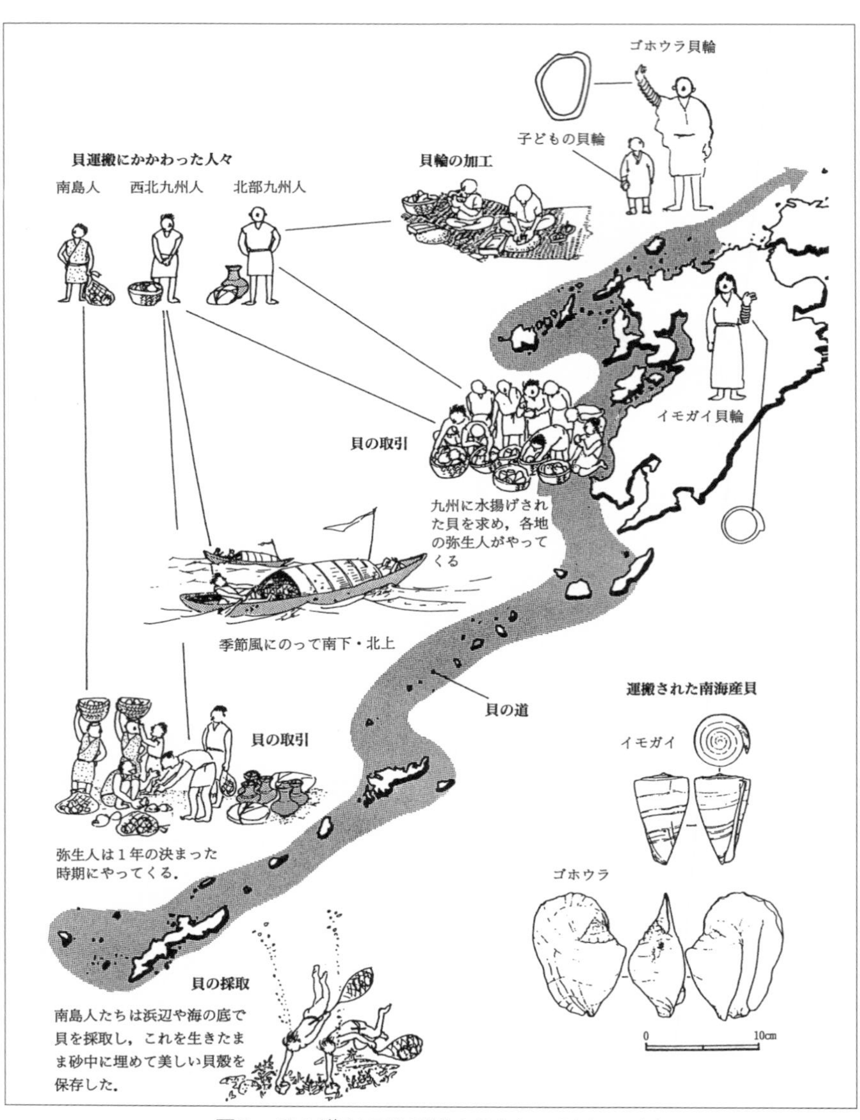

図5　貝の道（木下尚子『南島貝文化の研究』1996年）

沖縄諸島では、海浜部の砂丘地に集落が集約し、大量に集積した大型貝（ゴホウラ・イモガイ）を保管し（37遺跡、151基、1774点：木下尚子調査）、交易に備え、貝輪製作も行った。その痕跡は製作途上の破損品として遺跡に残されている。また、その交易の対価として沖縄にもたらされたものに、九州系弥生土器（当初は煮沸具と貯蔵具があるが、やがて貯蔵具のみになる）、鉄器（鉄斧・槍鉋（やりがんな）・不明品）、青銅器（三角鏃（さんかくぞく）・銅鏡片）、石器（石斧・穿孔具）、銭貨（五銖銭（ごしゅせん））、ガラス玉などがある。ほかにも遺跡には残されていないが、農耕社会からもたらされた穀類（イネ・ムギなど）や酒、布・絹などの織物もあったのではないかと想定されている。沖縄でこれらの交易品を得られる集落は、南海産大型貝を集約的に大量採取できた環境にあった場所に偏向しており、対価物として得られる交易品からみると、沖縄における集落間の格差も生み出していたと考えられる。しかしながら、特定個人に権力が集中するような社会構造の変化にはいたらなかった。

サンゴ礁環境に依存した琉球列島の島嶼社会は、弥生文化・古墳文化という農耕社会と活発な遠隔地交易活動を行いながらも、狩猟採集社会としての生業戦略の姿勢を崩さなかった。トカラ列島や奄美諸島は弥生・古墳文化の土器の要素を取り入れるが、沖縄諸島では主体的に貝輪素材を供給し続け、最も多くの交易対価物を獲得できる環境にありながら、伝統的な尖底土器文化にこだわり続け、特異な貝製品・骨製品をつくり、製粉器主体である石器組成を大きく変容させることはなかった。ここに琉球列島の先史文化が、貝塚文化として他者と弁別できる特質がある。

【参考文献】

木下尚子『南島貝文化の研究―貝の道の考古学―』（法政大学出版局、1996年）
新里貴之「貝塚時代後期文化と弥生文化」『弥生文化の輪郭』（同成社、2009年）
中村友昭「古墳時代中期におけるイモガイ製釧使用の一様相」『Archaeologu from the South』Ⅲ（本田道輝先生退職記念事業会、2015年）

宮古・八重山の先史文化

—南方由来のユニークな文化—

2つの先史文化

沖縄本島の南西、台湾の北西洋上に浮かぶ島々は、先島諸島と呼ばれ、北の宮古諸島と南の八重山諸島と呼ばれる2つの島群に分けられる。沖縄本島から南西に約300kmの距離に宮古島があり、その周囲には6島あって、やや離れた洋上の多良間（たらま）島を含めた島群が「宮古諸島」。宮古から約130km南にある石垣島および西表島とその周囲にある小浜（こはま）島、黒島（くろしま）、鳩間（はとま）島、新城（あらぐすく）島、由布（ゆふ）島、波照間（はてるま）島、与那国（よなぐに）島などの島々が点在する島群が「八重山諸島」となる。日本最西端の与那国島は、台湾と直線距離約110kmの距離にある。

沖縄諸島が北の縄文や弥生文化と少なくない交流や影響下にあるのに対し、宮古・八重山諸島の先史文化は総じて台湾やフィリピンなど南の文化が北上して形成されたと理解されている。先史時代の沖縄諸島と先島諸島との間には文化的交流は現在のところ確認されていない。

石器時代の宮古・八重山では、磨製石斧が伴うことからいわゆる新石器文化に包括されるが、これも前半の土器を有する「下田原（しもたばる）文化」と後半の土器を用いない「無土器文化」の2つの時代に分けられる。前者は下田原期（もしくは新石器時代前期）、後者を無土器期（新石器時代後期）と呼称し、大きく2つの文化が把握されている。

この2つの文化は、1960年に提唱された早稲田編年の区分において、土器を有しない西表島の仲間(なかま)第1貝塚を古く、続いて土器を有する下田原貝塚を新しいものと説明されてきた。つまり、土器を用いない人々の文化が、やがて土器を使うようになったと理解されてきた。世界史的な文化発展としては当然そのように考えられるだろう。しかし1980年代になって、八重山諸島のいくつかの遺跡で両文化が層位的に逆転することが確認され、放射性炭素年代の結果も下田原文化が約3000年前頃、無土器文化が約2000年前前後の数値を示すことから、現在は両文化の推移は有土器から無土器へと移行するものと理解されている。

有土器時代

下田原期の遺跡は多良間(たらま)島を北限とし、宮古島を中心とする島々では現在確認されていない。遺跡数は十数遺跡と少なく、調査例も限られておりその文化の実態については不明な点も多い。土器は赤色で器壁の分厚い土器で、総じて口径と器高の比が同じか器高の低い浅鉢（鍋）形となる。その最大の特徴は胴体部に付された牛角状の把手にある。その要素が縄文土器とは遠く、台湾に類似する器形の土器があることなどを根拠に南の地域から北上したと推定されている。

下田原文化の磨製石斧は、石垣島に産する石を材とする。やや扁平な自然石を粗割りし、打割調整した上で刃部のみ研ぎ出される小形の局部磨製石斧が多い。小型片刃の特徴などから「八重山型石斧」と呼ばれている。石以外を素材とする道具では、貝や骨を素材とする道具が使われている。

図6 下田原式土器
（沖縄県埋蔵文化財センター所蔵）

近年、この時代の集団について興味深い調査が報告されている。白保竿根田原洞穴から、初めて下田原式土器に伴う人骨が発見された。この出土人骨のDNA

分析が行われ、報告者によればこの人骨のミトコンドリアDNAのタイプは、下層の更新世人類と異なることを考えると、北からすなわち沖縄本島から石垣島へ到達した人類がいた可能性が指摘されている。これは、土器文化から想定する南を起源とするとする考古学的知見と異なる人類拡散の方向が仮定されており興味深い。

有土器時代から無土器時代

八重山の先史文化は、土器を持った下田原期から土器を用いない無土器文化へと移行する。この文化推移については以下の2つの仮説から検証されている。1つは、土器を使っていた人々が島の生活で土器を使わなくなり無土器文化になった。もう1つは、有土器文化の人々が絶滅あるいは移住し、島が無人化した後に新たに移り住んだ人々が無土器文化をもたらしたとする仮説である。前者は一元論、後者は二元論と呼ばれている。

現在最も新しい下田原期の年代測定値と無土器期の開始の古い方をとってもおおよそ1000年以上の開きがある。このことから、両者は連続しないとして二元論を支持する研究者が多い。

ただし、一元論に基づき下田原期の人々が、サンゴ礁環境への適応の1つとして土器を用いなくなったとするのが妥当とする研究者も少なくない。先島の両文化交替期に関する理解は、本地域の人類史の展開を考える上で、重要で関心の高いテーマの1つとなっている。ただし、両時代を繋ぐ遺跡は未発見となっているため2つの文化推移についての結論は出ていない。

無土器時代—貝斧と集石遺構

無土器時代の遺跡の多くは海岸砂丘に立地する。宮古島の浦底(うらそこ)遺跡やアラフ遺跡の調査では、大量の貝斧(かいふ)が発見されている。

貝斧は八重山の下田原期の遺跡からはみつかっておらず、無土器期の指標遺物と捉えられている。貝斧は東南アジアやオセアニア地域といった太平洋の島々で共通する文化として知られる。ただし、使われる貝種やその利用部位を見ていくと時代や地域ごとに違いがあって、これが文化として把握されている。

宮古・八重山で発見される貝斧は一般的にシャコガイが用いられる。さらにシャコガイの利用部位は、蝶番部、足糸開口部、放射肋を利用するのが宮古・八重山諸島で、他方、オセアニア地域の貝斧はシャコガイの放射肋に直交あるいは斜行させて部材を取る形式が多く、トウカムリやタケノコガイなどシャコガイ以外の貝も用いられる。蝶番部利用の形式からフィリピン島嶼部と近いとされている。ただし、フィリピン島嶼部の文化が伝播したとするのであれば、台湾でみつかっていないことが課題となっている。

一方、土器の出土のないこの時代どのように島の恵みを調理したのか？　これについては、浦底遺跡などでみつかる集石遺構と呼ばれる焼けた石が１ヵ所に集められた遺構によって明らかになっている。集石遺構は、地面に穴を掘って、熱く焼けた石と一緒に、食材を葉っぱなどに包んだ上で砂をかぶせ蒸し焼き調理した痕跡と考えられている。これは

図7 無土器期の生活の様子（沖縄県立博物館・美術館提供）

石蒸し料理と呼ばれる調理法で、現代のオセアニアでもウムと呼ばれる調理方法があり、これと共通するとされている。

島外文化との接触の証拠

狩猟採集社会の無土器文化は、次章で紹介する農耕社会のグスク時代になって再び島の人々も土器を用いる文化へ移行する。まだ土器を知らない無土器期後半おおよそ8世紀から11世紀頃の遺跡から、あきらかに島の外から持ち込まれたと考えられる遺物が稀に出土する。具体的には、唐の貨幣である開元通宝、生産地不詳の鉄釘や青銅製の帯金具である。

銭貨はそのほぼすべてが開元通宝で、鋳造年から少なくとも7世紀まで無土器文化が存続した証拠として、年代の指標となっている。無土器期の遺跡から出土する開元通宝は、現在、石垣島・西表島で計6遺跡、39枚が確認されており、ほかに八重山博物館蔵の採集例28枚が報告されている。

八重山で発見されている開元通宝の特徴の1つに、そのすべてではないにせよ、会昌開元と呼ばれる銭が含まれる点があげられる。この地域にやってきた時期や相手を考えるうえで参考になる（30頁参照）。

2つ目の鉄釘は、鉄ノミや鉄製品として報告されている資料で無土器時代の遺跡およびグスク時代初期の遺跡からの出土例が知られる。近年これらの出土品について中国から広く東アジアに輸出された棒状鉄製品であった可能性が指摘されている。

3つ目は石垣島の嘉良嶽東貝塚の銙帯（丸鞆）と思われる銅製品を紹介しておきたい。出土した包含層の帰属年代の上限は不明ながら、下限は、土器やカムィヤキ、陶磁器など11～12世紀頃の遺物とともに出土するため、本金属製品を単純に無土器期の搬入とすることはできない。しかし、銙帯（丸鞆）といえば、日本古代の帯金具として8世紀に製作されたことが知られる。仮に8世紀の日本由来の製品だとすると、石垣島を考えるうえで重要な遺物になる。これに関して『続日本記』714年（和銅7）の来朝記録が思い起こされる（24頁参照）。異説もあるが「信覚」は石垣島、「球美」は久米島の解釈以外にも西表島の古見ではないかとの解釈がある。先島諸島と沖縄諸島の先史文化は互いに交流のない分断の時期であることから、考古学的知見を重視し古代史研究者のなかでも、信覚を石垣に比定することに否定的な見解が示されてきた。

他方銙帯は唐や新羅でも出土例があり、丸鞆の鋲足は古代日本のものが通常3本であるのに対し、嘉良嶽東貝塚出土品は4本で、その形態から新羅などの大陸由来の資料の可能性も高い。このような資料の流通は一足飛びに答えを出すことは困難だが、島外の人々との断続的な接触によって手に入れられたと考えられる。

11～12世紀頃と推定される波照間島の大泊浜貝塚の出土状況は、無土器期の終末期の様子をうかがうことができる。この遺跡では、土器の出土がみられず無土器文化となる。遺跡からは次の時代に消費された中国産の白磁、徳之島で生産されるカムィヤキ、長崎県西彼杵半島で採石された滑石を素材とする滑石製石鍋が出土する。狩猟採集社会を維持する集団が、グスク時代初期の農耕民と接触し、島外の文物を手にしたと考えられる。こうして、11世紀以降、宮古・八重山諸島にも沖縄を経由して南下した農耕文化の文物がもたらされ、無土器文化を再び土器文化へと推移させる。

【参考文献】

石垣市教育委員会市史編集課『石垣市史　各論編考古』（石垣市教育委員会、2015年）

律令国家と南島

南島の人々の来朝記事

7世紀後半から9世紀末頃までの日本は、律令法にもとづく支配体制を構築していたため、律令国家といわれる。全国の地方行政区画は律令の令によって規定され、中央は畿内諸国の五畿、地方はブロックに区分され七道とされた。五畿・七道とも令制国を単位とする。8世紀前半には畿内の大和国に都城である平城京が置かれた。その中枢部を平城宮という。六国史の1つである『続日本紀』からは、南島の人々（以下、南島人）が来朝した記事をみいだせる。

『続日本紀』715年（霊亀元）正月一日条には、元日の平城宮における朝賀の儀の様子が記されている。「天皇（元明天皇）が大極殿に出御して臣下による拝礼を受け、皇太子（首皇子、のちの聖武天皇）もはじめて礼服を着用して拝礼を受けた」とある。さらには、「陸奥・出羽の蝦夷とともに、南島の奄美（大島）・夜久（屋久島）・度感（徳之島）・信覚（不明）・球美（久米島）などの人々も来朝して方物を献上した」とみえる。

まず、南島の5つの島の人々が平城京に来朝していたこと、平城宮での朝賀の儀に参列していたと思われること、南島の筆頭は奄美大島であること、奄美諸島では徳之島もみいだせることを確認しておきたい。

また、同年正月15日条には「蝦夷と南島の七十七人に異なる位階を授けた」とみえる。前年の714年（和銅7）12月5日条には「（大宰府の官人である）太朝臣遠建治が、南島の奄美などの島の人52人を引率し、南島より到着した」とある。すなわち、714年から翌年にかけて、南島の5つの島から52人が来朝し、元日の朝賀の儀に陸奥・出羽の蝦夷とともに参列し、後日、蝦夷25人とともに位階を授けられた一連の経緯が知られる。単純計算すると、1つの島あたり10人程度が来朝したことになる。なお、南島人を引率した太朝臣遠建治が所属した大宰府とは、西海道を統括する官司（中央省庁）であり、筑前国に設置された。

『続日本紀』からは、前後する時期にも南島人への授位や来朝をうかがうことができる。707年（慶雲4）には、朝廷から大宰府に使者が派遣され、島の名称や人数は不明であるものの、南島人への授位が行われている。720年（養老4）には、南島人232人に対して位が授けられている。場所は明記されていないが、平城京もしくは大宰府であった可能性もあろう。727年（神亀4）にも、南島人132人が来朝し、叙位されている。両件とも人数は大規模であり、715年と合わせ来朝人数を把握できる。ただし、島の名称は記されていない。なお、神亀4年を最後に南島人の来朝はみえなくなる。

ここにおいて、710年代から720年代にかけて、合計416人の南島人が来朝していたこと、その人数は増加していたことがわかる。また、授位される場合、「位を授くること差あり」などと記載されており、全員が同一の位階を授けられたわけではなく、差異があったことに留意しておきたい。

木簡に記された南島

太宰府市大字観世音寺不丁地区からは、「㭺美嶋」「伊藍嶋」の文字が記された木簡が2点出土している。時期は奈良時代前半、前者は奄美大島、後者は沖永良部島に比定され、島からもたらされた物品を大宰府で整理するための付札と考えられている。707年の大宰府での南島人への授位と前後する時期に、715年の来朝記事にみえる奄美大島と徳之島だけでなく、沖永良部島を加えた奄美諸島の3つの島が律令国家や大宰府と関係していたのである。逆に、喜界島や与論島、その南に位置する沖縄本島はみいだせないことを指摘しておく。

南の「境界」の成立

文献史料にみえる日本と南の島々との関係は、律令国家以前の大和政権、時期は7世紀前半までさかのぼる。『日本書紀』によると、616年（推古24）から掖玖人が日本列島に漂着するなどしたことを受け、政権は629年（舒明元）に使者を掖玖に派遣している。この段階での掖玖は屋久島を含む島々の総称と考えられている。7世紀後半になると、種子島と思われる多禰島に対する関心が高まる。677年（天武6）、多禰島人を飛鳥寺の西にある槻の下の広場で饗応している。679年（天武8）、使者が多禰島に派遣され、「多禰国図」が作製されるなどしている。

さらに、682年（天武11）には、多禰人・掖玖人・阿麻弥人が来朝している。多禰は種子島、掖玖は屋久島、阿麻弥は奄美大島と思われる。多禰と掖玖が並記されたのは、掖玖が島々の総称から島名へと変化（分化）したためと考えられている。また、奄美大島の人々がはじめて来朝しており、島々に対する情報や認識の精度があがったといえよう。683年（天武12）に多禰に派遣した使者が帰還、695年（持統9）には多禰島に3度目の使者が派遣されている。

史料は再び『続日本紀』に戻るが、698年（文武2）、島々に覓国使が派遣されている（「国を覓める」）。覓国使をめぐっては、それまでの使者とは異なる点がみられる。島々を指す語にはじめて「南島」が用いられたこと、戎器（武器）を携行していたこと、南九州の豪族が覓国使をおびやかしたことである。また、覓国使の帰朝にともない、多褹（種子島）・夜久（屋久島）、菴美（大島）・度感（徳之島）などの人々が来朝し、授位と賜物がなされている。徳之島から来朝があったことともに、南島人に対してはじめて授位があったことは注目すべきであろう。律令国家と南島の島々の関係の画期といえる。7世紀末までに冒頭で紹介した来朝記事にみいだせる奄美諸島の2つの島が揃ったことになる。なお、695年の多禰島への使者派遣は覓国使に先立つ予備的調査であったとする見解がある。

そして、702年（大宝2）、種子島と屋久島に西海道の令制国の1つとして多禰島が新たに設置される。中央を中心、地方を周辺と捉えれば、南の島々の北端が律令国家の地方かつ周辺に組み込まれたことになる。同年、日向国から薩摩国、713年（和銅6）には日向国から大隅国が分離している。多禰島は9世紀前半に大隅国に合併するまでのあいだは最南端の令制国であった。律令国家によって南の周辺の拡張を含む再編成が実施されたといえよう。さらには、周辺の外側は空白地帯ではなく、中心や周辺との交流がある「境界」が広がると考えられている。ここにおいて、律令国家の南の「境界」として南島の奄美大島や徳之島などの島々を位置づけることもできよう。720年代にかけて大規模な人数での南島人の来朝があったことは前述した通りである。

南島社会の理解

それでは、8世紀前半に50人から100人単位の来朝を実現し、大宰府や平城京に物品をもたらした島々の社会はどのような様相を呈していたのであろうか。琉球・沖縄史の時代区分では貝塚時代後期に相当する。この時期、海岸近くに形成されたムラ（集落）の人々が干瀬の内側のイノー（礁池）を共有する社会が成立しており、人口に対して海と陸の食糧のバランスがとれた生活を営んでいたとされる。

そうしたなか、島々に大和政権の使者や大宰府の官人が派遣され、来朝を勧誘するなどした。これまで触れてきたように、使者などの派遣を契機として来朝が実現していることから、両者は相関関係にあったようである。しかしその際、勧誘はあるにせよ、島のなかのムラでは、交渉とともに来朝する人数や人選などが必要となった。来朝を実現した背景には、差配ができるリーダーの存在があったのではないだろうか。このことから、文献史学からは当時の島々は階層化された社会であったと考えられている。715年のあと、来朝した人数が倍増した事例では島名をみいだせないが、単独の島でなく複数の島の合計であると思われる。そこにも奄美大島と徳之島が含まれていた可能性は十分あろう。より多くのムラでリーダーの自薦や他薦があったと考えられる。授位される場合、全員が同一の位階ではなく、差異があった点は前述したが、それはリーダー自身が来朝したこと、リーダーにはほかの人々と異なる位階が授けられたことを示すのではないだろうか。

また、9世紀以降の日本では、螺鈿の材料や祭器などとしてヤコウガイの需要があった。奄美大島では、海岸砂丘の遺跡から大量のヤコウガイの貝殻の集積遺構（「ヤコウガイ大量出土遺跡」）が土盛マツノト遺跡（奄美市）などで確認されている。時期は7世紀前半から11世紀前半頃と位置づけられているが、来朝と時期が一致する遺跡は存在しない。しかし、7世紀前半の段階で、ヤコウガイの搬出を準備できる社会が成立していたことになろう。モノは特定できないが、奈良時代前半に大宰府

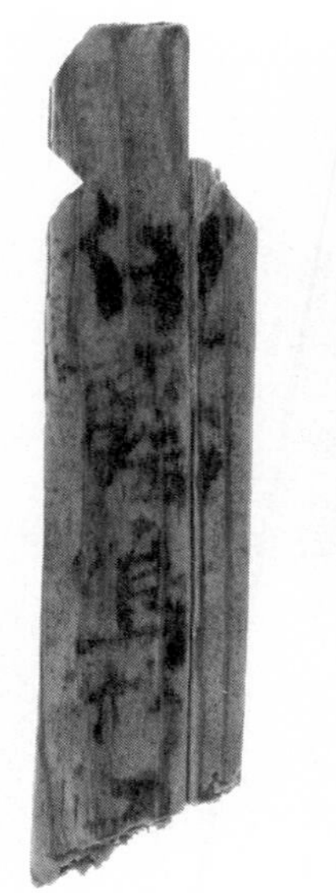

図8 大宰府出土木簡（九州歴史資料館所蔵）
右側の木簡に𣜿美嶋、左側には伊藍嶋と記されている

に物品をもたらしていること、『日本書記』と『続日本紀』に島名が最も多くみえることなどから、律令国家が南の「境界」の島々のなかで重要視したのは奄美大島と考えることができるのではないだろうか。多禰嶋が設置されたあと、715年の来朝記事の筆頭にみいだせることはそれを反映していると思われる。

【参考文献】

鈴木靖民「南島人の来朝をめぐる基礎的考察」(『田村圓澄先生古希記念　東アジアと日本　歴史編』吉川弘文館、1987年)
高梨修『ヤコウガイの考古学』(同成社、2005年)
山里純一『古代国家と南島の交流』(吉川弘文館、1999年)
山里純一『古代の琉球弧と東アジア』(歴史文化ライブラリー、吉川弘文館、2012年)

開元通宝

―新しい時代の幕開けの予兆―

沖縄の先史時代遺跡から、しばしば開元通宝が出土する。開元通宝は621年（武徳4）に初めて鋳造された唐の銭で、約300年にわたって鋳造された。広く東アジアで流通し、日本律令国家が発行する和同開珎、あるいは東アジア世界の多くの国で発行された前近代貨幣のモデルとなった銭貨である。

沖縄ではおおよそ農耕がはじまるのは11世紀以降で、それ以前の沖縄諸島と先島（宮古・八重山）諸島との間には文化的な交渉はなかったと考えられている。それぞれ独自の文化が育まれていた両地域から、共通して出土する遺物が開元通宝である。これは、島の人々が唐へ出かけ獲得したものではなく、おそらく東シナ海を往来する人々によって島の外から、島に暮らす狩猟採集民の手に渡ったものと考えられている。たとえば最初に発見された野国貝塚の出土例について、遣唐使船の漂着などによる持ち込みと解釈された。

この時代の沖縄の社会は、物々交換の時代と考えられている。貨幣経済の受容はなかっただろう。採集品の中には、中央の方孔とは別に小さな穴が穿たれる資料もある。これは、小さな穴に紐を通してアクセサリーに転用した痕跡と考えられている。

奄美・沖縄や八重山の遺跡出土の先史時代遺跡において開元通宝は、表採例も含め現在20遺跡から、総数127枚の出土が確認されている。出土数は思いのほか多い。このように一定の数がみられることを考えると、断続的ながらもやや恒常的な交渉の存在を考慮する必要があるだろう。

交渉の具体的な姿の仮説として、島の社会では物々交換でも、島外との交易には貨幣が使われた可能性が指摘されている。これらの遺跡から、古代並行期の日本本州または大陸由来の文物も出土している。平敷屋トウバル遺跡では刀の鍔が、西表島仲間第一貝塚では鉄釘が出土する。

この時代の来朝記録がある（24頁参照）。開元通宝は先の遣唐使だけでなく、律令国家と間のなんらかの交渉によって南島人が手にした可能性がある。

一方、無土器期の八重山諸島の遺跡から出土する開元通宝には、沖縄諸島以北では出土例のほぼない会昌開元が含まれる点が注目される。会昌開元とは背面に鋳造地の文字が鋳出されているもので、845年（会昌5）の「会昌の廃仏」により武宗が仏教を廃したため、仏像や仏具が廃棄され、その銅をもって州名・郡名を鋳出した銅銭を指す。年号をとって俗に「会昌開元」、あるいは裏に文字があることから「紀地銭」と呼ばれている。これまでの八重山諸島で確認されている裏文字は「洛」「福」で、この字が示す鋳造地は前者が江南府洛陽、後者が江南道福州となる。つまり八重山諸島で出土する開元通宝は、そのすべてではないにせよ明らかに9世紀中頃以降にもたらされた銭が含まれており、この点で無土器期の時間的定点として貴重な資料であるとともに、その流通経路にも大きなヒントを与えてくれている。

このような舶来文物を理解するうえで、文献記録として888〜904年に劉恂が撰した『嶺表録異』に登場する「流虬國」という島の漂着譚が注目される。そこには、「新羅海商とともに漂着した流虬は、しばしば流れ着くことがあり新羅海商は流虬國の人々の言葉を半訳することができた」という。さらに流虬國の人は食べ物をもってこぞって鉄釘と交換しようとしたという。八重山の遺跡でしばしば出土する鉄釘は実に整合的な内容となっており興味深い。

図9 平敷屋トウバル遺跡で発見された開元通宝
（直径2.4cm、沖縄県立埋蔵文化財センター所蔵）

後に交易で富を築く琉球王国の胎動期として、東シナ海を往来する人々と島の狩猟採集民との交渉の証拠として開元通宝は時代の変化を予兆する遺物として注目されている。

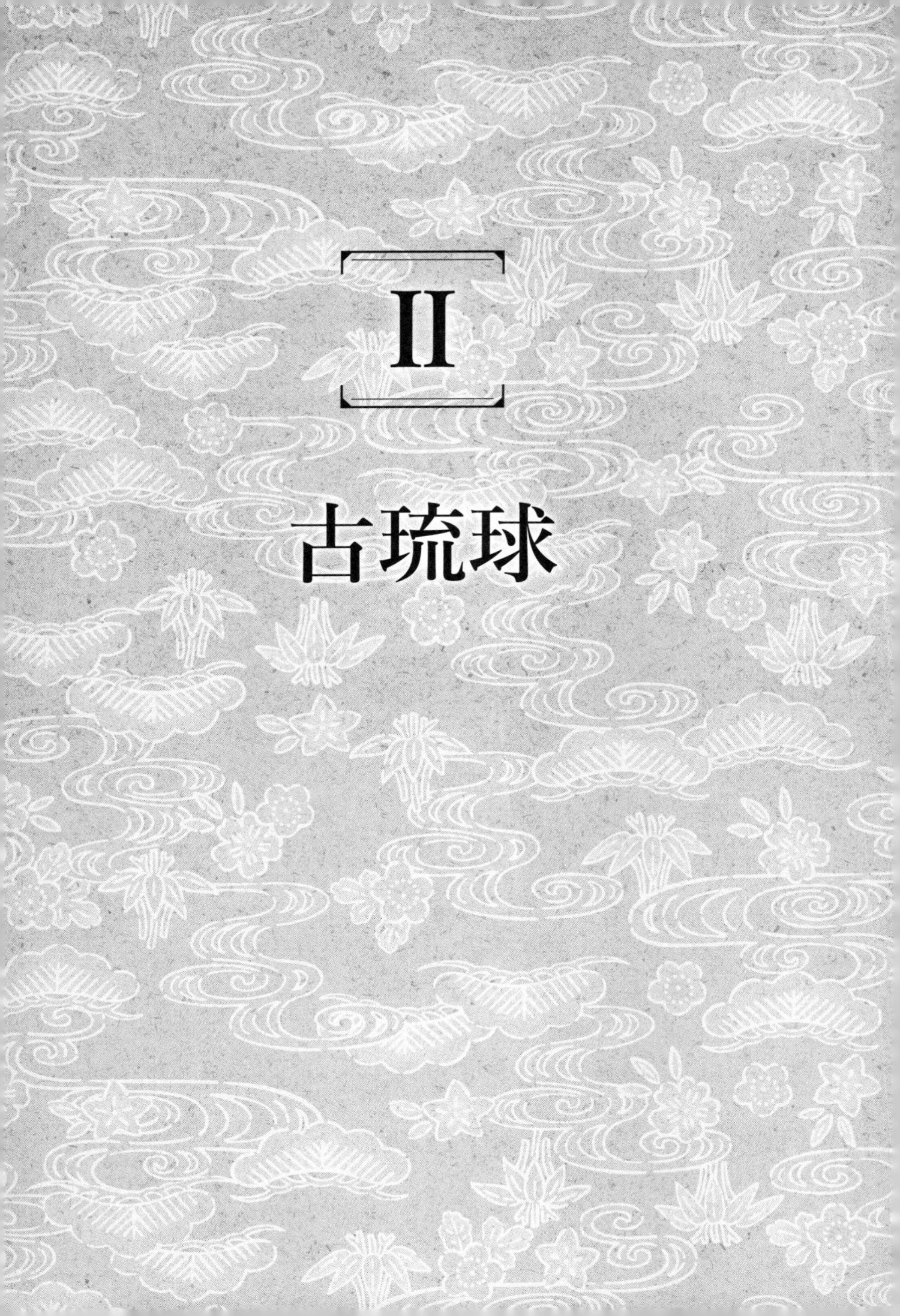

II

古琉球

グスク時代のはじまり

グスク時代と古琉球

沖縄では「城」の字をあてて「グスク」という。グスク時代はグスク＝城の登場を指標とする考古学の時代呼称である。その後、島々を統べる琉球国誕生の前史として位置づけられている。研究者によってどの地域を対象とするのか、始まりと終わりをいつに設定するのか議論が交わされているが、ここではおおよそ11世紀後半に穀類農耕の開始を契機とし、これまで南北分断していた先史時代の文化圏が、琉球圏として1つになった時代を「グスク時代」の始期とする。終期については琉球国の誕生と接続し、本書では文献史の時代区分とバトンタッチさせて説明する。なお、文献史学では、この考古学のいうグスク時代を始期として、薩摩侵攻までを古琉球と区分する。古琉球の前半期、具体的には11世紀から14世紀中頃までは文献による琉球列島の記録はわずかで、14世紀後半に中国明との朝貢(ちょうこう)貿易がはじまり史料も散見されるが、その数は多くない。15世紀中頃から16世紀は金石文や辞令書といった琉球の文字資料もみられるようになる。

本書では、グスク時代を農耕がはじまり、島々に領主が登場したのかについては議論されている前半（本章）と、沖縄諸島では明確な砦が誕生し、按司(あじ)と呼ばれる領主が群雄割拠した中頃（2章）、および文献史の時代区分でいうところの三山時代を経て首里を拠点とする中山王権によって島々が統一されていく後半（3・4章）の3つに分けて紹介する。

北からやってきた農耕

沖縄における穀類農耕のはじまりに関する検証は、遺跡から回収された栽培植物遺体の検出によって行われてきた。栽培種はコメ、オオムギ、コムギ、アワ、キビで、島の環境などに適した農業が行われたと考えられている。現在知られる栽培植物の回収例から、11世紀を遡る農耕は、沖縄本島の北に位置する奄美諸島で相対的に早く始まり、沖縄諸島から、宮古・八重山諸島へと南へ漸次的に広がったと考えられている。

沖縄本島における農耕開始期の集落として北谷町後兼久原遺跡がある。掘立柱建物の母屋と高倉がセットで発見され、畠と考えられる畝跡もみつかっている。また地面に穴を掘って木棺に葬られる墓制も貝塚時代の伝統とは異なる新出の文化で、家畜としてウシやウマが飼育され、鉄製品が広く普及するなど、狩猟採集の貝塚時代から大きく社会や文化が変化したと考えられている。この時代変化は、人の移動を伴う島外の人々によってもたらされたと想定されている。

農耕文化の受容

農耕は島々に大きな変化を生んだ。しかし、大規模な集団の入れ替わりがあったとは考えられていない。農耕のはじまりは、これを受容した貝塚時代や無土器時代から島々に暮した狩猟採集民が、農耕社会に転換したと理解されている。

その最初期には、農耕をもたらした人々と、その上でそこに根づいた集団、もともと島に生き農耕を受け入れた集団、さらにこれを受け入れず農耕文化の文物のみを手にした集団が存在していた。

沖縄や宮古、八重山の島々で農耕が受容された頃の文化を特徴づける出土品として3点セットと呼ばれる器がある。中国で焼かれた白磁碗、徳之島のカムィヤキは須恵器質の焼物で主として壺、長崎県西彼杵半島で産する滑石という石を刳りぬいてつくられた石鍋が流通した。これらの器は供膳具(きょうぜんぐ)の碗、貯蔵具(ちょぞうぐ)の壺、煮沸具(しゃふつぐ)の鍋として、おそらく農耕社会に必要な道具として日常の、あるいは特別な宴(うたげ)に必要な道具であったのだろう。また、石鍋形を模倣した土器が島々で作られ、前代の貝塚時代の土器は大きく刷新された。

グスク時代の最初期の集落の事例として、沖縄本島の西海岸に面した小堀原(くむいばる)遺跡がある。この遺跡はいわゆるファーストコロニーと考えられ、沖縄本島に最初に植民した外来集団、あるいは外来文化の影響を強く受けた人々が築いた集落と考えられる。また、この集落の2世的集落が先に紹介した後兼久原遺跡となる。一方、島にもともといた狩猟採集民が農耕民へと移行する過程を含む集落遺跡として名護市の屋部前田原(やぶめーだばる)貝塚などがある。おそらく彼らは、貝塚時代の終末あるいはグスク時代初期に農耕を知り、山野を開拓したと想定される。

さらに、南にある波照間島の大泊浜(おおどまりはま)貝塚は先史時代の終焉期の遺跡に、白磁、カムィヤキ、滑石製石鍋が伴っている。この遺跡は無土器時代の遺跡と考えられ、土器が伴わないことから、狩猟採集社会を維持する集団が農耕民と接触し搬入の文物を入手することができた遺跡と想定される。農耕が島々に定着していく過渡期においては、最後の狩猟採集民が暮らしていたのだろう。

図10 (左から)玉縁白磁碗・カムィヤキ・滑石製石鍋

これらの遺跡の出土品を比べると、先ほどの3点セットに在地土器のグスク土器を加えた器種構成には大きな違いがある。小堀原遺跡は土器をほとんど所有せずに3点セットだけで構成され、後兼久原遺跡がグスク土器にわずかに3点セットが保有され、屋部前田原貝塚はグスク土器とともに貝塚時代の土器が含まれ、大泊浜貝塚は土器の出土がなく3点セットのみが出土する。

島の社会は、おそらく1世代または2世代程度の短期間で、急速に農耕社会へと移行したと考えられる。年代的には11世紀後半から12世紀前半で、集落は広く島の内陸部まで進行し耕地を広げた。

統合される集落

前述したグスク時代初期に登場した集落は、なぜか12世紀から13世

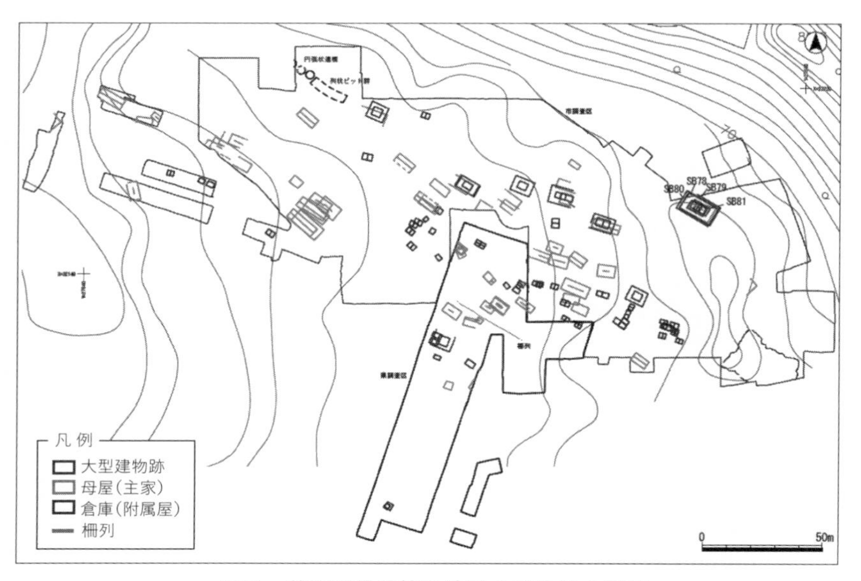

図11 普天間後原第2遺跡の建物跡の配置

紀へと続かず途絶えるものが多い。たとえば、沖縄本島中部の石灰岩段丘に営まれた普天間後原第２遺跡やタシーモー遺跡などは、いわゆる吹出原型住居と呼ばれる２本の棟持柱を持つ母屋と高床の倉庫跡がセットで発見される典型的なグスク時代初期の集落遺跡である。検出された遺構はほとんど重複せず、遺物の点数も少ない。このような状況から数世代後にはこの生活地を離れ別の場所へと移り住んだと考えられる。

沖縄本島における12世紀後半から13世紀前半の遺跡として、フェンサ城貝塚、拝山遺跡、上御願遺跡などのように丘陵上に選地し、後の時代に繋がると思われる、地域統合が進んだと目される遺跡がいくつかある。しかし、これらの遺跡も砦としての防御施設を示す遺構は明確ではないか、あるいは簡素な石積みがみられる程度である。

海上交通の証拠

この時代海域にも注目される海底遺跡が発見されている。沖縄の近海では陶磁器がまとまって出土する遺跡がいくつかみつかっている。これらの遺跡は海域で活動した船の積み荷が事故などによって海底に沈んだものと考えられている。久米島ナカノ浜海底遺跡は、12世紀後半〜13世紀前半と考えられる沈没船または積荷の投棄によって形成されたと考えられる海底遺跡である。採集資料は青磁の碗や皿、褐釉および無釉陶器の壺・鉢・擂鉢などが確認されている。また、中国の外洋大型船が装備したと考えられる中央がくびれ、両端が細くなる典型的な中国型碇石が久米島で２本、奄美大島で５本確認されている。この時期になり、海域に航行する船は活発化し、島の交易路としての重要性がいっそう増したと考えられる。

砦の構築

一般に沖縄本島を中心に分布するグスクは、按司と呼ばれる地域を束ねる人物の英雄譚とともに、集落の重要な聖域と認識されている。大小さまざまなグスクがあって、たとえば本島北部の根謝銘(ねじゃめ)城や名護(なご)城は大きな堀切が印象的だが石垣はまったくもたない。一方中城や座喜味(ざきみ)、勝連(かつれん)といったグスクはいずれも立派な石垣に囲まれている。

今帰仁(なきじん)城跡の主郭部分の調査によって知られる築城の変遷は、岩山に人々が入るのが13世紀の後半頃で、14世紀前半には大規模な造成によって平坦な平場を造成し、そこに掘立柱の建物が建築されこれを囲むように柵列(さくれつ)が廻らす砦が築かれた。初期の砦は石積みのない木柵の砦であったと考えられている。14世紀中頃になって、はじめて石垣の城壁がめぐらされるが、これは矩形単郭(くけいたんかく)の砦であったと考えられている。以後、按司の伸長とともに城郭の規模を拡張させ、城を多郭化し整備していったものと推定されている。

地域を束ねる按司は、地域の支配とともに、貿易によって成長した。13世紀後半にもなると、遺跡から出土する陶磁器の中に中国福建省の民窯で生産された粗製陶磁器が多量に含まれるようになる。これらの陶磁器は九州以北ではほとんどみられない。また、東南アジア産のベトナム陶磁器も沖縄で出土するようになるのは15世紀からで、14世紀以前は博多や大宰府などで出土例が確認されるが、これは琉球を経由せずに運ばれたと推定される。13世紀後半を境に、それ以前は沖縄への交易路が九州から南下するルートを基本としていたものが、南から北上するルートが拓かれ、やがて1372年に明の洪武(こうぶ)帝の招諭(しょうゆ)を受けて、中山王察度(さっと)の入貢を皮切りとし、沖縄本島の3つの勢力がそれぞれ入貢し中継貿易によって繁栄を迎える琉球王国が誕生する（48頁参照）。

【参考文献】

宮城弘樹『琉球の考古学』（敬文舎、2022年）
新里亮人『琉球王国成立前夜の考古学』（同成社、2018年）

島々に築城された城(グスク)

グスクと呼称される遺跡

琉球列島に位置する奄美・沖縄諸島から宮古・八重山諸島までの間には「グスク」・「スク」・「アジ屋敷跡」と称する地所や遺跡が所在する。遺跡は主として石灰岩の発達する岩塊地域に立地し、丘陵頂部や海岸の突出部などに石垣を築き、あるいは非石灰岩地帯では堀切や土塁などをめぐらすなど城塞的施設を備えている。

遺跡内からは武器・武具や金属器類、土器や陶磁器などの生活器、獣魚骨類などの残滓が多数出土し居住の跡をみせる。また、拝所（御嶽）、墓として聖域になっている所も多く、このことからグスクの性格をめぐり、防御集落説、城塞説、聖域説、さらにこれらは本質的には一緒で、時間の流れのなかでそれぞれ変化したとするグスクモデル説などがある。

グスク時代の年代はいくつか提示されているが、一般には12世紀後半から15、16世紀まで

図12 グスクの分布範囲

の間を示し、日本本土の平安時代末から室町時代、安土桃山時代に相当する。

琉球列島のグスクは丘陵や丘の段差を利用して、平場を確保して、石垣や土塁、堀などを築き、防御的施設を構えるが、各島嶼（とうしょ）の自然地形や環境、文化を反映してさまざまな形を造る。概して日本本土の近世城郭のように石垣によって囲まれた平場（郭（くるわ））を有するグスクと、石塁のないたんなる削平地のみの平場を有するグスクがあり、グスク研究者の當眞嗣一は端的にそれらのグスクを、土より成るグスクと石から成るグスクとして表現する。

奄美諸島のグスク

琉球列島の北側に位置する奄美諸島のグスクは、約140余件分布することが報告されている。南の沖縄諸島に比べて土からなるグスクが多くみられる地域である。平場を確保するために、斜面地を削り、得られた土は縁辺に盛り上げ土塁（土手）とする。また、郭を防御するために周囲を絶壁状に削り取る切岸が作られ、さらに狭い尾根などに直角に掘り切った一種の空堀がある。敵の侵入を阻止する目的のもので、いわゆる堀切を築いたりする。

土塁内側の平場には、按司などに関わる掘立柱建物が配置されている。この形状は日本本土の中世山城と共通している点が指摘されている。なお、奄美大島から南に連なる徳之島、沖永良部（おきのえらぶ）島、与論島と南下するにつれ石からなるグスクが多くなり、沖縄本島との繋がりを強く窺わせる。

沖縄本島及び周辺離島のグスク

沖縄諸島のグスクは300件余となり、土からなるグスクもあるが、圧倒的に石からなるグスクが多く存在する地域である。沖縄本島における現象として、同諸島の北部地域が45遺跡、中部地域が64遺跡、南部地域が113遺跡と南部地域に多く分布し、島内においても地域的隔たりがみられる。地理的にみる北部の大部分が山地または丘陵地で山脚は急な地形をもって海岸にせまり、平野の発達は乏しいという特徴がみられる。これは、農耕に適した平野部を必要とするため、自ずと平野部が発達した中南部に地域にグスクが数多く分布しているものと関連しているものと考えられている。

石からなるグスクの中心的島ということもあり、はやくから城壁に関する土木的研究や城郭研究の蓄積がある。グスク城壁の一般的平面形は、平仮名の「ひ」を連結したように出入りの多い曲線形にかたちづくられている。これについては、城郭研究では城郭の防御を目的とするために取られた構造とする説明や、治水施設のダムのように、丘陵上部の工事により生じる土圧に配慮した形態という土木工学からの考えがあり、さらに、亜熱帯地域に吹く季節風を受け流すように考案されたものという地理学からの見解が提示されている。

図13 上:読谷村座喜味城跡第１門
下:読谷村座喜味城跡上空写真

なお、城郭研究では城壁に関して、琉球のグスク城壁の天端には胸壁という高さが約90cmの石垣が存在することや、城壁のコーナーが曲線をなしていること、さらに城壁の横断面のラ

図14 今帰仁村今帰仁城跡城壁

インが直線構成をなしていることなどは、本土の山城にはみられず、中国大陸の城に系譜を求める考え方がある。さらに、日本本土における城郭に石積み城郭が登場するのは琉球のグスクよりは約100年は遅いようである。

城壁を形作る石垣の積み方にも3種類の方法が明らかにされている。古い技術から野面（のづら）積み、布（ぬの）積み、相方（あいかた）積みである。最も原始的な野面積みは13世紀後半頃に出現し、続く布積みが14世紀後半とされ、相方積みは15世紀に入ってからとされている。

グスクには大小の大きさがあり、今帰仁（なきじん）村今帰仁城跡や那覇市首里城跡のような郭がいくつも連結した大型ものから、うるま市伊波（いは）城（ぐすく）跡のように平場が1つの小型のものまでみられ、概して中南部では大型のグスクほど布積み城壁が多く、小型なグスクは野面積みを取り入れて、グスクの経営力をも反映しているようだ。なお、さらなる特徴として、沖縄本島では、地質的に古く堅い古生代の石灰岩地帯の北部地域では、野面積みグスクが分布し、新しく軟らかい琉球石灰岩の中南部地域では布積み、相方積みのグスクが広く分布している。

宮古・八重山諸島のグスク

宮古諸島地域では、「ジョウ」、「ツヅ」と呼ばれる。同諸島は概して低平ではあるが、丘陵上や台地部を選択し、平面形が四角形で単体のものや、郭が不規則に連続したものなどを築く。いずれも琉球石灰岩の野面積みが一般的で、石垣の高さは沖縄諸島のような高いものはみられない。

一方、八重山諸島では「スク」、「シュク」と呼ばれる遺跡として認識されている。地上の構造物は石灰岩石積みで、まるで酵母菌のように、小規模の単体の郭を造り、それらが複数隣接して群をなすものと、出入りのある海岸線に沿うように不定型な石積み郭が連結して存在するものがある。石積みの高さは低く、沖縄本島のような高層な城壁とは趣を異にしている。竹富町新里村遺跡で発掘調査が行われ、集落状の形態を呈していることが明らかにされている。以上のように、琉球列島における13世紀後半から16世紀前半には地域性を強く反映したグスクが営まれていたのである。

図15 左:石垣市フルストバル遺跡上空写真　右:宮古島市高腰城跡上空写真

【参考文献】

上里隆史・山本正昭編『沖縄の名城を歩く』(吉川弘文館、2019年)
當眞嗣一『琉球のグスク』(琉球書房、2012年)
當眞嗣一『琉球王国の象徴・首里城』、145(シリーズ「遺跡を学ぶ」、新泉社、2020年)

発掘された首里城跡

2019年、復元された首里城正殿および関連施設が火災で消失し、国内外の人々に大きな衝撃を与えた。現在、多くの支援と再建の検討を重ねて、戦後2番目の復元工事に着手されている。

消失した首里城正殿は、1992年に沖縄の本土復帰20周年を記念して、国営公園として復元されたものである。この復元以前は戦後の瓦礫化した跡地に大学が建設され、城としての面影はなく、正殿建物の位置すら確認できる状況にはなかった。

復元は本来の在るべき位置だという考えの基で、大学の移転後、1985、86年に正殿遺構の状況や、その歴史・文化を明らかにするための発掘調査が行われている。この調査には延べ400人の県民の参加もあった。

当発掘調査により正殿跡は戦跡遺構の1つであることがわかった。調査区には無数の爆弾跡がみられたが、とりわけ大きな穴が6つ確認された。戦時中における米軍の攻撃によるもので、大きさが直径約10m、深さ2mをはかり、また、地盤沈下している箇所もみられた。平均して地表下約40cmが攪乱され破壊されていたのである。

さらに調査でわかった点は、正殿の基壇、石階段、溝、石組遺構、柱穴など遺構群が、破壊を受けつつも戦禍を潜り抜けていたことである。これにより復元に必要な正殿の位置はもとより、正殿の歴史的推移や古建築技術、文化内容を検討する情報が得られた。

正殿は14世紀後半にはこの場所にあり、建て替えを7回繰り返しながら存在し続けたのである。基壇遺構は6基確認され、ことにII期目からは西側（前面）へ約2m移動する形で建築していたことが判明した。建て替えの細かな年代は残念ながら資料不足もあり、不明である。ただ、文献記録では正殿は3度の火災にみまわれていることが知られ、遺構との照合の結果、現在のところII

期基壇が1453年に起きた志魯（しろ）、布里（ふり）の乱の時期と推測された。最後の第VII期の基壇は沖縄戦の火災を受けていることもあり、記録にみえる1660年と1709年の火災はIII～VI期基壇に当たるのか、記録の検証も含め課題となっている。

遺構を覆う堆積土からは、王族関係者の暮らしの一端を表す多種多様な遺物が出土した。屋外製品は屋根瓦や欄干（らんかん）、龍柱（りゅうちゅう）、礎石などで、建物の堅牢と壮麗化を示したものである。屋内製品は金属製品では甲冑、槍などの武器・武具や調度品の金具類、装身具類、食器類では中国産、東南アジア産、朝鮮産の壺や鉢、盤などの陶磁器類があり、さらに、社交場（遊戯具、湯茶具、喫煙具）、祭祀の場（玉類、梵鐘）の演出具や、ブタ骨、ヤギ骨、ジュゴン骨、ヤコウガイなどの王朝料理の残滓が多数確認されている。

首里城正殿が14世紀以降、琉球王権の中枢建物として約500年維持してきた極めて希有な建物であることが判明した。そして、琉球王国の文化工芸の技術の粋を集め、壮麗化を極めた建物であり、建物内で政治活動と社交の場、宗

図16 首里城正殿跡発掘調査

図17 首里城正殿跡遺構　上:3枚の基壇跡　下左:階段跡　下右:石組土坑

教祭祀の場としての中枢であったことが示された。

正殿の復元にあたっては、確認された遺構はすべて埋め戻され、盛り土をして保護されている。2019年に全焼した際に被災を受けた部分は遺構公開部分に限定したこともあり、世界遺産への影響は最小限となっている。なお、復元される正殿建物は今世紀の真新しい建築物で文化財ではないが、沖縄県民の魂の拠り所として認識され定着している。これも正殿の500年の歴史を振り返ると、この地に存在していなかった期間は大戦で消失してからの約50年間であり、存在した時間が遙かに長かったことに起因しているのかもしれない。

3

琉球王国の成立過程

キカイガシマとの関係

グスク時代が始まる11世紀の奄美諸島と沖縄本島の関係に着目してみたい。8世紀前半には、奄美大島と徳之島から平城京(へいじょうきょう)への来朝があり、沖永良部(おきのえらぶ)島からは大宰府(だざいふ)に物品がもたらされ、律令国家によって南島と総称されていたことは前述した。それに替わり、10世紀末から13世紀頃の日本側の史料にはキカイガシマの名称をみいだせるようになる。キカイガシマは大隅諸島の硫黄島(いおうじま)と奄美諸島の喜界島(きかいじま)の両者に比定されている。

11世紀中頃の日本で成立した『新猿楽記(しんさるがくき)』は、芸能民と職能民列伝としての性格を持つ。そこには、京都出身の貿易商人として八郎(はちろう)の真人(まひと)が登場する。活動範囲は、北は蝦夷地(えぞち)、西は貴賀之島(キカイガシマ)におよび、扱っていた商品は、中国産の麝香(じゃこう)や甘草(かんぞう)、日本産の金銀、南島産のヤコウガイや硫黄にわたる。ヤコウガイは貴族層で一定の需要があった。島々からキカイガシマに集積され、八郎の真人などの貿易商人が買い付けていたのであろう。それでは、この場合、キカイガシマとはどこなのだろうか。

喜界島では、2000年代、島の中央部の台地の高台に位置する城久(ぐすく)遺跡群の発掘調査が実施された。遺跡の時期は8世紀後半から15世紀にまたがり、最盛期は11世紀後半から12世紀とされる。その性格は大宰府の出先機関かつ交易拠点と考えられている。遺構では、当時の島の人々の住まいとは明らかに異なる、大型掘立柱建物跡をはじめとする数百棟の掘立柱建物跡が発見された。遺物では、日宋貿易によって博多経由でもたらされた中国製の白磁碗（はくじわん）、長崎の西彼杵（にしそのぎ）半島産の滑石を原料とする滑石製石鍋、そして徳之島で生産されたカムィヤキの3点が大量に出土している。すなわち、11世紀頃に八郎の真人も買い付けに訪れたキカイガシマとは喜界島であり、南島産の物産のほか、島外から当時の主要商品がもたらされていたことがわかる。それらは掘立柱建物に常駐した大宰府関係者が管理していたのであろう。

そして、11世紀後半から12世紀前半にかけて、白磁・滑石製石鍋・カムィヤキの3点は、沖縄諸島だけでなく、宮古諸島・八重山諸島にいたる琉球諸島全域に流通する（36頁参照）。日本から喜界島を経由して、モノばかりでなく、日本船による人の移動も活発化したと考えられる。沖縄本島への移動や定着の痕跡としては、3点が出土した後兼久原（くしかねくばる）遺跡（北谷町）があげられる。グスク時代の始期と日本からの人の移動が一致するのは偶然ではなく、因果関係が検討されるべきであろう。グスク時代の始まりと喜界島の特徴的な状況は決して無関係でないことを確認しておきたい。

対外関係と国家形成の契機

次に、琉球王国の成立および王権の誕生の前段階として、グスク時代における対外関係の画期とクニや小国家の権力構造を関連づけて概観してみたい。

グスク時代、沖縄本島にはクニがいくつもある状態であり、それぞれのクニには王である按司（あじ）が存在した。民衆は按司に支配される階級社会であった。やがて、按司のなかから按司の代表者である世の主（よのぬし）が登場し、複数のクニを束ねる地位を得た。日本船との交易は、当初は按司、やがて世の主によって管理されたものと思われる。

こうしたなか、対外関係の画期を2回にわたってみいだせる。1回目は13世紀後半であり、この時期、沖縄本島の遺跡から中国製陶磁器が大量に出土するようになる。中国船が沖縄本島に直接来航するようになったと考えられる。これによって、日本船だけでなく、新たに始まった中国船との交易も世の主が管理するようになったのである。

沖縄本島については、グスク時代の14世紀頃から15世紀前半の三山統一までのあいだを三山時代という。三山とは中山、山北（北山）、山南（南山）である。14世紀前半までに世の主のクニが3つの小国家（三山）に再編されたようである。小国家には、三山の王である代表の世の主とともに、ほかにも世の主が存在したと考えられる。両者は基本的には対等な関係であり、互いの地位を含め既得権を保障する権力構造であったと思われる。ほかの世の主は三山の王から地域の支配および日本船や中国船との交易をおびやかされることはなかった。ここにおいて、小国家に再編される以前に中国船の来航があったことを確認しておきたい。その順番と因果関係に注意すべきであり、中国船の来航とその管理が小国家への再編の契機となったことは検討されるべきであろう。

2回目の画期は14世紀後半に訪れる。1368年（洪武元）、元明交替によって中国に成立した明朝は、前期倭寇と国内勢力が結託することを警戒し、中国船の海外渡航と貿易を禁止する海禁を実施し、合わせて、皇帝と周辺の王のあいだに政治儀礼である朝貢システムを構築しようとする。後者では朝貢に伴う貿易も認めた。明朝は周辺諸国に対して朝貢を勧誘し、1372年（洪武5）には、琉球国にも皇帝の使者として楊載が派遣された。同年、浦添城を拠点とする中山王の察度がはじめて朝貢したのに続き、1380年代には山南と山北も朝貢を開始する。朝貢に伴って琉球船（当初は中国の支給）が中国に渡航する貿易が始まったこととともに、琉球の場合、海禁のもとでも中国船は引き続き来航し、それが停止することはなかった。2つの中国貿易が並存する状態となったのである。そして、特に前者が小国家の権力構造に大きな影響をおよぼすことになる。

すなわち、琉球船が中国に渡航する貿易の運営は朝貢した三山の王に限定された。よって、ほかの世の主は自ら貿易を運営できない。三山の王が独占的に運営する貿易に参加することしかできなくなったのである。ここにおいて、三山の王とほかの世の主のあいだにはじめて大きな格差が発生することになる。明朝との通交開始は、ほかの世の主にとって不利に作用したと考えられる。中国船が来航する貿易も次第に三山の王によって掌握された可能性がある。ほかの世の主の既得権がおびやかされたことを意味する。

グスク時代の始まりと喜界島を経由した日本からのモノや人の移動の活発化が無関係でないことは前述したが、13世紀後半の中国船の来航、そして14世紀後半の国際環境の変化が琉球の国家形成にインパクトを与えたのである。グスク時代や三山時代における国家形成の諸段階を沖縄本島のなかだけで考えるべきではないと考える。

第一尚氏政権の重要課題

1429年（宣徳4）、中山が山南を攻略し、三山は統一される。このときの中山は第一尚氏政権であった。三山統一によって第一尚氏王朝が成立したとされるが、第一尚氏政権はいつどのように発足したのだろうか。ここでは、中山の王統、第一尚氏政権の発足、政権にとっての重要課題について検討してみたい。

琉球から最初に朝貢したのは中山王の察度であったが、1404年（永楽2）、察度王統の武寧が明朝からはじめて琉球国中山王に冊封される。冊封とは追認されるかたちでの任命である。しかし、1406年（永楽4）、中山の構成員である思紹と尚巴志の親子が浦添城を攻略し、思紹が中山王に即位する。このことは、クーデターによって中山の政権交代があり、第一尚氏政権が発足したのみならず、王統が察度王統から第一尚氏王統に替わったことを意味する。また、この頃、中山の拠点が浦添グスクから首里城に移転している。そして、1407年（永楽5）、思紹は琉球国中山王に冊封される。政権交代の翌年であることに注目すべきであろう。王統の正統性の保証を明朝に求めたと考えられる。第一尚氏政権にとっての最も重要な課題は、三山統一を急ぐことではなく、政権の安定化であったと思われる。中山が山北の拠点である今帰仁城を攻略したのは、政権交代から10年経った1416年（永楽14）であった。

1422年（永楽20）、尚巴志が中山王に即位し、1425年（洪熙元）には琉球国中山王に冊封されている。中山王が思紹の血筋に継承されたことが保証されたのである。山南の拠点である島尻大里城を攻略したのは、このあとであり、山北の攻略から10年余が経過していた。さらに1420年代、日本の足利政権に対して琉球使節が集中的に派遣されたことが指摘されている。将軍義持は明朝への朝貢を拒否し、遣明船の派遣が停止していた。第一尚氏政権は、中山王の代替わりや冊封と前後して、日本との通交を活発化させていたのである。加えて、琉球に来航する日本船との貿易を掌握しようとした可能性もある。ここでも最優先すべき課題は必ずしも三山統一とはいえないように思われる。

喜界島への軍事侵攻

最後に、第一尚氏王朝後半の問題として、王位継承とともに奄美大島と喜界島への侵攻について述べてみたい。第一尚氏王統は、三代目として尚巴志の子の尚忠（1440年即位）、四代目はその子の尚思達（1445年即位）と親子のあいだで継承されたが、五代目は尚巴志の子である尚金福であった（1450年即位）。いずれも在位期間は短かい。そして、1454年（景泰5）、次の王位をめぐって王族のなかで発生した内乱が志魯・布里

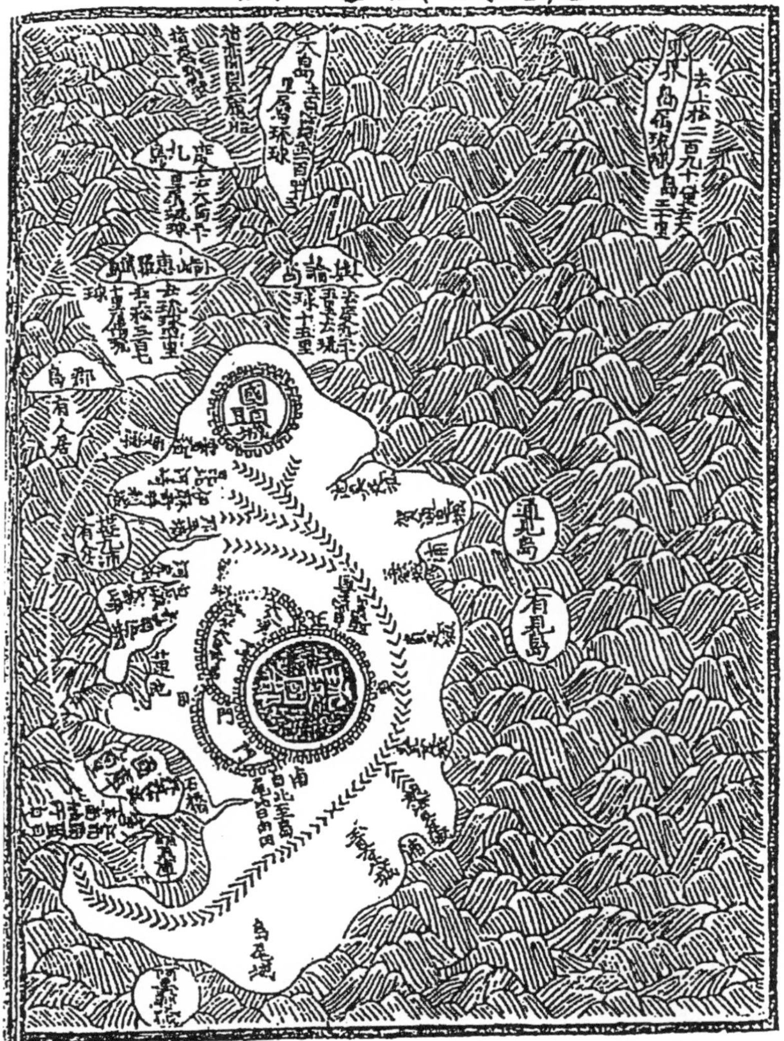

図18 『海東諸国紀』所収「琉球国之図」の喜界島（太宰府天満宮文化研究所所蔵）
図中右上に「鬼界島」がみえる。

の乱である。志魯は尚金福の子、布里は尚巴志の子であり、甥と叔父の関係に当たる。しかし、六代目は、内乱の当事者でない尚泰久であった（1454年即位）。尚巴志の子であり、尚忠と尚金福の弟に当たる。

ここから、第一尚氏王統には、王位継承候補者が複数存在したことが知られる。換言すれば継承順位が明確に定まっていなかったのである。七代目は尚泰久の子である尚徳であった（1461年即位）。王の血筋が思紹・尚巴志の直系から移動したことを意味しよう。1458年（天順2）には、護佐丸・阿麻和利の乱を制圧し、政権内の実力者や有力者の勢力を削ぎ、権力集中に成功している。

さらには、第一尚氏政権は、1440年代から1460年代にかけて、奄美大島と喜界島への軍事侵攻を展開する。1450年代には、喜界島を攻撃するため、大島北部の笠利に駐屯地を設営している。1466年（成化2）には尚徳が陣頭指揮を執り、喜界島を攻略した。山北や山南の攻略よりも大規模な軍事行動かつ長期戦であった。権力集中によって兵力の動員が可能になったのであろう。また、志魯・布里の乱をはさんだ期間であることから、尚泰久と尚徳のみならず、第一尚氏王朝後半の政権にとって一貫した重要課題であったといえよう。

ここにおいて、かつて、日本の南の「境界」とされた奄美諸島は、15世紀中頃、琉球王国の周辺としての新たな性格を付与されたのである。なお、喜界島には大宰府の交易拠点が設置されたが、その機能が縮小した段階で、第一尚氏政権と交戦できる勢力が存在したことにも留意すべきであろう。

【参考文献】

池田榮史「琉球列島史を掘りおこす―11～14世紀の移住・交易と社会的変容―」（『中世学研究2　琉球の中世』高志書院、2019年）

石上英一「琉球の奄美諸島統治の諸段階」（『歴史評論』603号、2000年）

豊見山和行「統一王国形成期の対外関係」（『新琉球史―古琉球編―』（琉球新報社、1990年）

4

第二尚氏政権による国内統治と対外貿易

王位継承の原則

第一尚氏王統は尚泰久の血筋に移動し、第一尚氏政権はその子である尚徳の代にかけて再び安定軌道に乗ったかと思われた。しかし、1469年（成化5）、尚徳の次の国王の王位継承をめぐり、世子が不満勢力によって殺害され、王族が首里城から追放されるクーデターが発生する。第一尚氏政権の構成員や家臣団が尚泰久と尚徳の血筋を否定したことを意味しよう。

翌年、尚泰久の家臣であった金丸が国王として即位し、尚円と改称する。第一尚氏王統の王族でない家臣が第二尚氏政権を立ち上げ、尚姓を継承するかたちで政権交代がなされたのである。第一尚氏政権の発足は中山での政権交代であったが、ここでは国家統一後の政権交代であり、王統も第二尚氏王統へと替わったことを確認しておきたい。明朝からは1472年（成化8）に冊封され、これを保証されている。

さらには、1477年（成化13）、初代国王尚円の子である尚真が12歳で三代目の国王に即位する。子供の王の登場は王権としての画期といえる。在位期間は50年近くにわたった。そして、四代目は、尚真の子のなかで有力視された尚維衡と尚清のうち、1527年（嘉靖6）に尚清が即位する。以降、第二尚氏王統の王族でも尚清の血筋による王位継承の原則が成立する。第一尚氏王統との大きな違いといえる。

新たな統治制度と南北の島々

第二尚氏政権は沖縄本島に地方行政の単位となる間切(まぎり)・シマ制度を施行した。間切とシマは行政区画であり、シマの集合体が間切である。近世の間切・シマ制度に連続し、間切は現在の市町村、シマ・村は大字(おおあざ)に相当する。首里王府はこれを単位として間切・シマの役人や神女であるノロを任命した。第一尚氏政権によって構築できなかった新たな統治制度が確立されたのである。

そして、王府は、穀物を中心とするミカナイ（御叶）とミササゲ（御捧げ）および労役の二本柱からなる負担を間切・シマの民衆に課していたことが指摘されている。前者のミカナイは年貢への固定化が進み、ミササゲは貢納制の性格を残すとされる。労役については、王府によるものだけでなく、間切・シマ役人による徴発も存在し、近世に連続する。このようにして、第二尚氏政権は、陸上での生産や労働を組織的に徴収して歳入を確保できる体制を確立していたのである。

この時期、島々との関係にも歴史的変化があった。新たな統治制度は沖縄本島だけでなく南北の島々にも及んだ。1500年（弘治(こうち)13）、第二尚氏政権は、八重山のアカハチ・ホンガワラの乱を制圧するため、宮古島の首長も含めた王府軍の軍勢を動員して八重山を軍事侵攻する。第一尚氏政権による奄美大島と喜界(きかい)島への侵攻のような長期戦でなかったこと、国王である尚真の陣頭指揮もなかったことに触れておく。これにより、琉球王国は、北は奄美諸島から南は宮古・八重山諸島までを版図(はんと)化するにいたったのである。南北の島々への軍事侵攻は第一尚氏政権と第二尚氏政権にまたがって展開されたが、順番としては、奄美大島と喜界島の攻略が八重山よりも早かったことを確認しておきたい。沖縄の政権と両地域との歴史的関係に起因するものであろう。

16世紀には、沖縄本島と同様、南北の島々にも間切・シマ制度が施行されるが相違点もある。奄美大島には複数の間切が設置されたのに対して、宮古諸島は大宮古間切、八重山諸島は八重山間切の1間切のみであった。島役人は、間切・シマそれぞれのレベルで任命されたが、奄美諸島の間切役人には王府から派遣された者をみいだせる一方、宮古島の頭職（首里大屋子）には制圧で先導役をつとめた宮古島の首長、八重山の頭職にはその子弟が任命されている。王府の宮古側への優遇措置といえよう。また、首里王府の中央組織には、奄美諸島を管轄とする役職として「奥渡より上のサバクリ」、宮古・八重山諸島を管轄する役職として「宮古間切大掟」「八重山間切大掟」が設置され、南北の島々に対する統治が図られていた。

なお、1546年（嘉靖25）の首里城東南外郭の造営においては、奄美諸島と宮古・八重山諸島の島役人や民衆も動員されている。王府が間切・シマ制度を単位として課した負担である労役が南北の島々にも確実に及んでいたことを示すものといえよう。

琉球船による中継貿易

琉球船による貿易について、15世紀から16世紀を通観してみたい。第一尚氏政権から第二尚氏政権にまたがる時期にあたる。前述したように、14世紀後半、中山王の察度が明朝への朝貢を開始したことに伴い、琉球船による中国貿易が開始された。しかし、第二尚氏政権の成立と前後する15世紀中頃から後半にかけて、中国貿易をめぐる環境に少なからざる変化があった。

すなわち、明朝は1475年（成化11）に琉球の「貢期」を二年一貢とした。「貢期」とは中国側によって規定された朝貢のタイミングである。二年一貢とは隔年（一年おき）の朝貢であり、それまでは時期を定めずとされていたことから、制限が加えられたことを意味する。これによって琉球船による貿易の機会は確実に減少したのである。背景には、中国に渡航したあとも現地に留まった「琉僑」によるトラブルがあった。また、これに先立つ15世紀中頃には、「貢道」が福建省福州に一元化された。「貢道」とは琉球船の中国への出入り口であり、それまでは同省の泉州や浙江省の寧波でも可とされていた。「貢期」の制限よりも前に中国側の規制が強まりつつあったことを意味しよう。

15世紀、琉球船は、明朝への輸出品である蘇木などを確保するため、中国製陶磁器を積載し、東南アジア大陸部と島嶼部に渡航していた。中継貿易である。しかし、渡航先は一貫して同一ではなく時期差があった。1420年代から1440年代までは大陸部はシャム、島嶼部はパレンバン（現インドネシア）とジャワ（同左）である。第一尚氏王朝に当たる。それが1460年代から1490年代になると、大陸部がシャム（タイの旧国名）・マラッカ（現マレーシア）・パタニ（現タイ）、島嶼部は1460年代のスマトラ（現インドネシア）のみとなる。第一尚氏王朝から第二尚氏王朝への移行期であると同時に、明朝による制限や規制が加えられた時期であることに気づく。

15世紀中頃から16世紀中頃にかけては、琉球船そのものにも変化があった。当初は明朝によって海船（大型船）が無償支給されていたが、15世紀中頃には打ち切られ、琉球側が費用を負担して中国で造船するようになる。さらには、16世紀中頃になると、琉球での国産化により船舶が小型化したのである。ここにいたって、「貢期」の制限で中国貿易の機会はすでに減少していたが、琉球船の小型化によって積載量は減少し、輸出入量は絶対的に縮小した。

16世紀における東南アジアへの琉球船の渡航は次のような状況であった。1511年、ポルトガルがマラッカを占領すると、以後、同地への琉球船の渡航はなくなる。同時期の1510年代に限って島嶼部のスンダ（主に現インドネシア）への渡航がみえるものの、1540年代には大陸部のパタニへの渡航も終了する。すなわち、1510年代からは低落傾向にあり、1540年代以降は大陸部のシャムのみに限られ、島嶼部への渡航はみいだせなくなるのである。東南アジアに渡航した琉球船も小型化したのは同様である。

それでは、第二尚氏政権は、明朝への朝貢品をどのように安定的に確保したのであろうか。また、琉球船による中国貿易の縮小という問題をどのように解決したのであろうか。国王名義の貿易品が家臣団にも分配されていたとすれば、家臣団との関係に影響する可能性は高い。どのように政権や権力構造を維持したのであろうか。

那覇港と中国船の管理

前述したように、14世紀後半に明朝が海禁を実施したあとも中国船は琉球に来航した。そうした中国船や日本船との貿易は、三山の王を経て、15世紀前半の三山統一までには第一尚氏政権によって掌握されたと考えられる。

朝鮮王朝で15世紀後半に編纂された『海東諸国紀』がある。「琉球国紀」の「国俗」の項によると、「海舶の行商を以て業となす。西は南蛮と中国に通じ、東は日本と我が国に通ず。日本と南蛮の商舶またその国都の海浦に集まる。国人は肆を浦辺に置き、互市をなす」とみえる。前半は琉球船による中国貿易や東南アジアへの渡航など、後半には、琉球側が「海浦」(那覇港)に来航する日本と「南蛮」の商船と交易を展開していたことが記されている。「南蛮」とは、大陸部か島嶼部かは不明であるが、東南アジアから来航した中国船、あるいは東南アジアの政権がチャーターした中国船の可能性もあろう。第一尚氏政権が日本や中国さらには東南アジアから来航する船舶を管理していたことがうかがえる。那覇港は中国貿易の起点であったが、来航する日本船や中国船との交易も並行して展開していたのである。中国に向かった琉球船よりも来航した中国船が多かったのではないだろうか。貿易量は後者の方が多かったと思われる。記載には明朝が琉球の朝貢を規制しつつあった15世紀中頃の那覇港の状況が反映されていると思われる。

それでは、第二尚氏政権の琉球船による中国貿易が縮小し、東南アジアへの渡航が減少した16世紀の那覇港はどのような様相を呈していたのであろうか。15世紀前半に成立したチャイナタウンである久米村からは、その中心を担った福建省福州府・泉州府出身の集団と思われる「閩人三十六姓」の子孫も流出するなどしていた。

『明実録』1542年（嘉靖21）5月庚子条からいわゆる陳貴事件のあらましを知ることができる。福建省漳州府出身の貿易商人である陳貴と広東省潮州府潮陽県の商船が那覇港で競合したため、死者が出る争いとなり、当事者は中国に送還されたものである。ここでは、久米村関係者が陳貴を呼び寄せていたことに着目したい。陳貴には16世紀前半までに数回の来航歴があり、久米村はこうした漳州人と関係を成立させていたため、呼び寄せることが可能であったのであろう。このあとも漳州人の来航は継続する。さらにはこの時、潮州府の中国船も来航している。久米村からは人口が流出する一方、中国船は引き続き来航していたことがうかがえる。1540年代は琉球船の東南アジア大陸部のパタニへの渡航が終了した時期でもある。中国船は、琉球船が東南アジアで入手していた産物をもたらしたと思われる。

その後、明朝は1567年（隆慶元）に海禁を緩和し、中国船の東南アジアへの渡航を許可する。それ以前から、中国とのあいだを活発に往来していたことから、事実上の追認ともいえよう。中国船の通航量は琉球船をはるかに上回っていたと思われる。琉球船の東南アジアへの渡航は1570年（隆慶4）のシャムを最後に停止する。前後して、ポルトガルは1557年にマカオ、スペインは1571年にマニラに貿易拠点を設置する。ヨーロッパ船と中国船によって中国商品や東南アジア産品がもたらされ、日本にも再輸出された。しかし、那覇港に来港する中国船も途絶えることはなかった。1590年代には、那覇港はマニラに渡航する日本人の乗り継ぎ地点として機能していた。第二尚氏政権はマニラとのあいだを往還する中国船を管理し得ていたのである。

すなわち、琉球船の貿易をめぐる環境が悪化するなかにあっても、中国船と日本船が那覇港に来航する構造に変化はなかった。琉球側は15世紀から16世紀を通じて積極的に船舶を受け入れ、貿易は活発であった。特に中国船との貿易によって、朝貢品を確保し、家臣団へ貿易品を分配することができたと思われる。第二尚氏政権にとっては、政権運営や権力構造を維持する生命線でもあったといえよう。貿易縮小が政権に直接影響することを回避したのである。第二尚氏政権の琉球王国は、中国への朝貢や琉球船の貿易のみに軸足を置いたのではなく、民衆の生産や労働を組織的に徴収すること、那覇港に活発に来航する中国船や日本船との貿易を管理することによって権力構造を維持していた。権力基盤の重心はここにあったといえよう。

図19 復元された首里城東南外郭と継世門(けいせいもん)（首里城公園〈継世門〉、沖縄美ら島財団提供）
竣工記念碑である「添継御門(そえつぎおじょう)の南のひもん」には南北の島々からの動員が記されていた

【参考文献】

入間田宣夫・豊見山和行『日本の中世　北の平泉、南の琉球』（中央公論新社、2002年）
岡本弘道『琉球王国海上交渉史研究』（榕樹書林、2010年）
豊見山和行「琉球・沖縄史の世界」（『琉球・沖縄史の世界』日本の時代史18、吉川弘文館、2003年）
真栄平房昭『琉球海域史論 上―貿易・海賊・儀礼―』（榕樹書林、2020年）

5

琉球列島のグスクと集落

グスクと集落の関係

グスクと集落は、城とムラ（シマ）という関係にある。グスクの始原にはかつてここに居した按司の伝説が残るものもあれば、その麓にもともと集落があったと伝承されるものも少なくない。14世紀から15世紀に城として整備されたグスクは、防御施設として石垣が築かれており、この石垣を境に城内、城外を分けている。

また城として廃城となった後の城地には御嶽として麓の集落によって聖地として近世から現代まで地域の信仰を集める拠り所として利用され続けている。その始原については、グスク論争で指摘されるように、御嶽（聖地）であったところに按司が居したとする理解と、もともと自衛し防御する集落があったとする理解があり、このようなグスクの深淵に対する理解はグスク論争として特に1960から70年代に活発に議論された（40頁参照）。

首里とその周辺

グスク時代以後も王宮として利用された首里城は、16世紀にはすでに那覇港までの官道が造られ、外敵の侵入に備え港には屋良座森城、三重城、御物城などの砦を築いている。ここには、本城（王都首里）―支城（港町那覇）の関係を読み取ることができる。

首里城周辺の王都の様子は、時代は下るものの1700年頃に作られた首里古地図が参考になる。首里の行政区は北（ニシ）、南風（ハエ）、真和志之平等（マージヌフィラ）とよばれる3つに分かれ、これを首里三平等（しゅりみひら）と呼称した。王府直営の施設やお寺があり、特に士族が集居していた。

現在の首里地域の街区は、ほぼ近世期に完成したものをそのまま踏襲しており、屋敷区画や石畳道など今にその景観を遺すものも少なくない。しばしばこれらの古層の首里の遺構が道路工事などによって発掘され姿を現すことがある。

中城御殿（なかぐすくうどぅん）（首里校地区）は、屋敷を区画する石積みや大規模な造成工事の痕跡とともに、豪華絢爛な出土品が数多く出土している。

一方、15世紀中頃を遡る様相は幾つかの調査地点において、その下層から検出されている。遺構は、石積みを多用する現在みる首里の景観とは大きく異なる。それは、掘立柱建物などが立ち並ぶ集落であることが明らかになっている。天界寺（てんかいじ）跡や真珠道（まだまみち）跡の発掘調査では、寺創建前の集落跡がその下層から検出されている。城下には人々が暮らしており、都市空間の整備によって街区が整備され居住地の変更などがあったことをうかがわせる。

今帰仁城跡の城下集落

今帰仁（なきじん）城跡の城下直近には今帰仁、親泊（おやどまり）、志慶真（しげま）村の3つの集落遺跡が存在する。前二者は北側緩斜面に、志慶真は南側に所在している。グスクが立地する大字「今泊」は1903年（1906年に分離し再び1972年）に合併して現在今泊の地名となるが、もともとの集落名称は「今帰仁」と「親泊」で両村から一字ずつを取って「今泊（いまどまり）」としている。

遺跡の立地する現集落今泊は海岸砂丘に立地しているが、遺跡地から1609年に現在の場所に移動したと伝わっている。

城下の集落の中でも、今帰仁ムラ跡は数次にわたり調査が行われており、集落の様子が把握されている。屋敷は基盤岩の古生代石灰岩を利用した石積みや露頭岩盤に隔絶された小規模な平坦地に構えられている。いくつかの発掘調査からこの平坦地に建物が建てられていたことがわかっている。屋敷地内部は柱穴が多数検出されているが、建物のプランがわかるものは少ない。これは幾度となく同じ場所で建て替えが行われたためで柱穴が重複する形で検出たことに起因する。それでも、屋敷の概略は「主屋があった空間」と「高倉があった空間」があり両者の間には空閑地があって、ここには土坑などが存在しており「作業場的空間」があった。さらに生活地でない岩盤の露頭する地域は「緑地帯的な空間」で構成されているものと推定されている。

集落で見つかった建物は、城内主郭などに建てられた規模の大きな礎石建物に比べれば相対的に簡素な掘立柱の建物ながら、個々の屋敷は倉が建てられることが明らかになっている。集落はイエを単位としそこに集居するコミュニティの様子をうかがうことができる。屋敷地の周囲に多くの緑地が残り、自然地形の制約のなか家々が建ち並ぶような状況があったと想定される。

宮古・八重山諸島の集落

宮古・八重山諸島は、沖縄本島でみられるような高さ10m、幅5mもある堅固な石垣囲いのグスクは存在しない。そもそも島の呼称では石積みを巡らせた遺跡をグスクとも呼称していない（43頁参照）。しかし、ほぼ同時代の遺跡として石積みで囲まれ、遺跡地がおおよそ祭祀空間として御嶽（八重山ではオンと呼ばれる）や集落の故地として伝承されている点で沖縄のグスクと共通点は多く、グスク相当の遺跡と捉えられる。

宮古島の狩俣（かりまた）集落（現集落）はおおよそ北が崖で海に面し、東・南・西は石積みで囲まれ、東西には門が設けられるという集落がある。このような構造から、防御された集落として理解されており、その始原はグスク時代に遡ると考えられている。

集落北側に上山（ウドゥヌヤマ）、西の森と呼ばれる小丘があって、現集落の聖地となっており、集落の根島（ニシマ）として発祥の地として敬われている。このような御嶽を聖地とし古層のムラが丘陵地にあって、祖霊に抱かれる村人という関係は、仲松弥秀によって腰当（クサテ）思想として琉球列島に広く共通する村落構造の原理と指摘されている。

他方、宮古島には久場川（くばか）城跡（別名久場嘉）、手真嘉（てまか）城跡のように矩形単郭の石積み囲いの遺跡が数例確認されている。いずれも発掘調査が未着手のため時代や性格など不明な点は多いものの、グスク時代に機能したものと推定されている。高さ1mの石積みが、一辺約50mの長さで巡らされることから、地域を束ねる豪族屋敷や細胞状に屋敷区画が連なる集落の初期の遺構と推定されている。

八重山諸島は石垣島、西表島の相対的に大きい島を中心に、1周20km以内の小さな島約十島ほどからなる島群である。中でも竹富島では石垣と西表島の間にあって隆起サンゴ礁の低平な島で、赤瓦の屋根とサンゴの石垣や掃き清められた白砂の街路が印象的な伝統的建造物保存地区の集落である。現集落は街区がおおよそ碁盤目状に整っている。これは近世に成立したものと理解されている。

竹富島では14～15世紀の集落遺跡がいくつか調査されており、現集落の人々の伝承や祭祀と強く結びついている。島の伝承「六山（ムーヤマ）」によれば、沖縄本島や周辺離島からの渡来によって村立てされたと語られている。さらに、この伝承は現存する遺跡と御嶽名に伝えられており、首長一村一御嶽の関係は下図のような関係で理解されている。

① 他金殿（たがねどぅん）一花城村（はなすく）一花城御嶽（はなっくおん）
② 久間原発金（くまばらはつがね）一久間原（くまーら）一久間原御嶽
③ 塩川殿（しゅーがーどぅん）一波利若村一波利若（ばいやー）御嶽

④ 根原金殿（ねーれかんどぅん）―玻座間（はざま）村―玻座間御嶽（うーりゃん）
⑤ 幸本節瓦（こうもとふしかわら）―幸本（こうもと）村―幸本（こんとぅ）（小波本）御嶽
⑥ 新志花重成（あらしはなかさなり）―仲節（なかすじ）村―仲筋（さーじ）御嶽

すべての集落遺跡がグスク時代から存続したかどうかについては、発掘などによって明らかにされなければならないが、これまでいくつかの遺跡が調査されており、おおむね14～15世紀頃の陶磁器などが採集、もしくは発掘によって確認されている。

これらの村跡の中でも特に花城（ハナスク）村遺跡・久間原（クマーラ）村遺跡の構造については詳細な検討が行われている。国立歴史民俗博物館の測量調査などに基づく分析から、両村には御嶽背後の最大屋敷地を核として、その周辺に大小さまざまな形の屋敷が多数付属しているとして、三重の同心円構造が2つ並んでいる形であることが指摘されている。

このような、狩俣集落の古層の村と現集落の関係、久場川城跡のような矩形単郭の石積み遺構、細胞状に結節した御嶽を内包する防御された集落遺跡は、時間的には琉球王国の支配領域に組み込まれる以前のグス

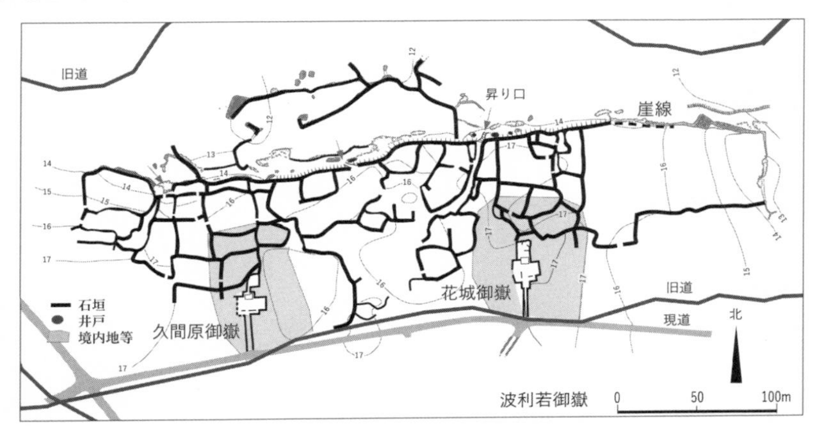

図20 花城村遺跡・久間原村遺跡の屋敷区画
（小野正敏作成、国立歴史民俗博物館展示図録『海の帝国琉球』2021）

ク相当の遺跡や集落遺跡で、少なくとも現集落景観にみる近世の街区のような、計画的な道路があって均一な屋敷空間をつくる集落とは対照的となっている。

遺跡にみる社会構造の相違

首里城でみられる城と支城、城と集落という関係は、按司の中の按司として、抗う勢力を統一し、後に王国を築いたグスクが持つ首里を中心とする集落景観といえる。また今帰仁も城と集落が城郭の石垣の内外で物理的に画されている。この点で両者は按司と集落の人々との関係が階梯的で、求心的な社会構造であることを映している。

一方、宮古・八重山は地域を束ねるリーダーのような人物はもちろん存在していたであろうが、その姿は沖縄本島の階梯的な人々の関係に比べれば、相対的に並立的な関係であった。これらは集落の中に花城・久間原遺跡でみるように、ムラの空間構造が三重の同心円構造をもつムラであり、彼らの権力が、身分関係を反映した階層的な空間構造をみせるものの、集落全体が細胞状に結節した姿をみせている点からも相対的に並立的であったことをうかがい知ることができる。

他方、現集落とグスクおよび集落遺跡との関係は、現在においても集落発祥の故地として精神的な拠り所となっている。

グスクと集落の姿は、当時の社会を映す鏡であるとともに、現集落へと繋がる歴史を今も強く記憶する文化遺産といえる。

【参考文献】

今帰仁村教育委員会編『グスク文化を考える―世界遺産国際シンポジウム〈東アジアの城郭遺跡を比較して〉の記録―』(新人物往来社、2004年)
国立歴史民俗博物館編『歴博フォーラム 「再発見・八重山の村」の記録―村が語る沖縄の歴史―』(新人物往来社、1999年)

Column 4

おもろさうしと祈り

古琉球の時代、「琉球語」によるまとまった記録として、琉球国内に建てられた石碑（金石文）なども挙げられるが、何と言っても『おもろさうし』という本は、祭祀歌謡という限定的な形とはいえ、古典琉球語による貴重な文献として真っ先に採り上げられるものであろう。

『おもろさうし』の「オモロ」は、個々の神謡のことを指すが、一説には動詞「おもう（思ぅ）」から、「おもる」というラ行動詞に転化してこの名称となったと考えられている。『おもろさうし』のオモロは、全部で1554首（重複を含む）あり、1首のメロディーを示す「節名」がオモロの最初に付されることが多い。この「節名」で示される音曲は、整理すると、110余ほどあったとされ、その神聖な唱えは「梵唄の如し」と薩摩侵入直前に琉球にやってきた念仏僧の袋中上人が『琉球神道記』の中で記している。ただ、この声明にも似た祈りのメロディーは僅かに録音を残すのみで、曲数のほとんどはこの世から失われてわからなくなっている。

『おもろさうし』には、創世神話（琉球開闢）、天体讃美をはじめ、国王、按司、神女などを讃える歌が多数収められている。「言霊」の力により、琉球の島々を征討しようとする歌や、薩摩軍の侵入を退けようとするオモロも収められている。また、中国（唐）や東南アジア（南蛮）との交易で繁栄していた往時の琉球国を写し出すオモロもあり、これも無事に琉球に帰還すること（航海安全）を祈願する歌と考えられる。琉球国王（男性）の世俗的な権力（王権）は、宗教的な最高権力者・聞得大君（女性）の「霊力（せぢ）」によって保障されていたが、そういった琉球国の政祭をめぐる形態も、『おもろさうし』の祈りの世界から如実に読み取ることができる。

冒頭のオモロ（1巻1）… 聞得大君が国王に統治の霊力(せぢ)を与える

あおりやへが節

一	聞得(きこゑ)大君(ぎみ)ぎや	聞得大君が
	降(お)れて　遊(あす)びよわれば	天から降りて神遊びされたからには
	天(てに)が下(した)	（琉球国王は）天下を
	平(たい)らげて　ちよわれ	平定してましませ
又	鳴響(とよ)む精高子(せだかこ)が	名高い霊力豊かな聞得大君が
又	首里杜(しよりもり)ぐすく	首里杜ぐすくに（降りて）
又	真玉杜(まだまもり)ぐすく	真玉杜ぐすくに（降りて）

天体讃美のオモロ（10巻534）… 航海中の夜空を謡う

一	ゑけ　上(あ)がる　三日月や	おお、天空に上がる三日月は
又	ゑけ　神(かみ)ぎや　金真弓(かなまゆみ)	ああ、まるで神の立派な弓
又	ゑけ　上(あ)がる　赤星(あかぼし)や	おお、天空に上がる明星は
又	ゑけ　神(かみ)ぎや　金細矢(かなまゝき)	ああ、まるで神の立派な細矢
又	ゑけ　上(あ)がる　群(ぼ)れ星(ぼし)や	おお、天空に上がる群れ星は
又	ゑけ　神(かみ)が　差(さ)し櫛(くせ)	ああ、まるで神の挿す櫛
又	ゑけ　上(あ)がる　虹雲(のちぐも)は	おお、天空に上がる棚引く雲は
又	ゑけ　神(かみ)が　愛(まな)きゝ帯(おび)	ああ、まるで神が大切にまとう帯

交易を謡(うた)ったオモロ（13巻780）… 交易船の無事な琉球帰還を願う

首里(しより)ゑとの節

一	真南風(まはへ)鈴鳴(すづな)りぎや	「真南風鈴鳴り」という船が
	真南風(まはい)　さらめけば	真南風がさらさらと吹けば
	唐(たう)　南蛮(なばん)	中国や東南アジアの
	貢(かまへ)　積(つ)で　みおやせ	貢物を積んで国王へ献上せよ
又	追手(おゑちへ)鈴鳴(すづな)りぎや	「追手鈴鳴り」という船が
	追手(おゑちへ)　さらめけば	追手の順風がさらさらと吹けば

III

近世琉球

島津氏の琉球侵攻

—その理由と結果—

島津氏の琉球侵攻とは何か？

1609年（慶長14）4月5日、海洋国家として栄えた琉球の王城・首里城は、市街戦のはてに鹿児島の戦国大名島津(しまづ)氏の軍勢に占拠された。3000の島津勢が鹿児島の山川(やまがわ)港を出発して、ほぼ1ヵ月後のできごとであった。これにより琉球は、島津氏を介して日本に従属することとなり、以後、明国との朝貢関係を維持しつつ、日本へも従属する国として歩んでいくこととなる。琉球と日本の関係を大きく変化させたこの事件は、一般に島津氏の琉球侵攻（または島津侵攻）と呼ばれている。

一方で、沖縄の歴史を振り返るとき、このできごとは単なる一事件とはしがたい、さまざまな意味合いをもって近現代の歴史のなかで議論されてきた。本事件の推移をみていく前に、どのような呼び方や意義がこのできごとに重ねられてきたのか、確認してみたい。

沖縄学の父と称された伊波普猷(いはふゆう)など、戦前を代表する多くの研究者らは、この事件を「慶長役(けいちょうのえき)」や「琉球征伐(せいばつ)」などと呼んだ。琉球が外交的に礼を失したことを端緒(たんしょ)としつつも、島津氏が中国貿易の利潤を掠(かす)めとろうとしたことが原因であるとした。そこには近世の琉球が、「長良川(ながらがわ)の鵜(う)」のごとく、薩摩に利用されるだけの存在へ貶(おとし)められたとする歴史観があった（密貿易機関説）。

戦後になると、伊波に代表される議論をより広い視点から見直そうと仲原善忠などは、豊臣政権の誕生から徳川幕府成立へいたる日本の国内統一事業の影響を重視し、中央政権の意向を汲んだ島津氏の「進入」によって事件が起こったと考えた（島津進入説）。戦国期をへて生まれた日本の統一政権と島津氏の関係が事件の背後にあることが取り上げられる一方で、民族統一を通じ日本復帰を実現しようとする戦後沖縄の現実と重なりながら生み出された議論でもあった。

この後、1990年頃までに中央政権の意向だけでなく、関ヶ原で敗れ経済的苦境にあった島津氏が、領内経営の改善のため、琉球出兵を望んだとする紙屋敦之の議論に代表されるように、単一の理由によらない事件への理解が、研究の主流をしめていくようになる。

また、2000年代をこえると、豊臣政権によって行われた海外出兵である朝鮮侵略（文禄・慶長の役）を意識し「もう１つの慶長の役」（または琉球侵略）と呼ぶ上原兼善の議論や、琉球と日本という異なる国家同士の争いと捉え「琉日戦争」と呼ぶ上里隆史の議論など、事件の国際性に目を向ける研究の動向が加わっていく。

このように、1609年に起こった島津氏の琉球侵攻は、当時の琉日関係を一変させるとともに、今も沖縄の歴史的転換点として、議論されつづける事件となっている。

事件の前史—豊臣政権・徳川政権・島津氏

1609年における島津氏の琉球侵攻が、いかにして起こったのか。その背景を16世紀中頃の状況からみてみることとしたい。

16世紀後半の琉球では、日本・明との関係を中心に展開した中継貿易に陰りが見え始めていた。ポルトガル船のアジア進出も含め、日本銀を求めて活発化する後期倭寇の登場とともに、海上はボーダレスで曖昧な秩序が広がる空間となっていた。のちに侵攻をおこなう島津氏は、1577年頃までに南九州（薩摩・大隅・日向）を統一し、本州で豊臣政権が台頭する頃には、大友氏や龍造(りゅうぞう)寺氏を破って北九州へも勢力を伸ばす勢いであった。このころ島津氏は、徐々に琉球に対して高圧的な態度をとるようになり、薩摩への「綾船（あや船）」派遣を求めトラブル（1577年）を引き起こしている。

島津氏は九州へと進出した豊臣政権との争いに敗れ臣従した（1587年）。その後、豊臣秀吉による号令のもと朝鮮出兵が引き起こされると、1591年には島津氏を介して琉球へも出兵にかかる軍役(ぐんやく)の負担が命じられ、派兵を免除する代わりに食料の提供が求められた。琉球側は、この突然の要求に苦慮し、日本の動向を明へと報告するなど豊臣政権と距離をとる姿勢を続けながらも、食料を提供（当初の半分の量）する対応をとった。

その後、徳川へと権力が移行すると、破綻した日明関係の改善と貿易の復活を企図する徳川幕府からの要求を、島津氏を介して受け取ることとなった。この明への仲介斡旋を求める交渉の過程で、1602年に日本へ漂着した琉球人救助の返礼の使節派遣を求める聘礼(へいれい)問題が、外交上のトラブルとして立ち上がっていく。同時に、関ヶ原において西軍に与(くみ)して敗れた島津氏は、領土拡大などをねらって奄美大島への出兵を計画するなど、幕府・島津氏・琉球をめぐる外交状況は複雑に推移した。そして、交渉が行き詰まりつつあった1609年（慶長14）、徳川家康からの許可を取り付けた島津氏は、琉球侵攻を開始することとなる。

侵攻の経過

約1ヵ月にわたる侵攻はどのように展開されたのであろうか。侵攻の過程は、複雑に戦況が推移したこともあり、琉球・薩摩双方に記録が残っているものの、それぞれ食い違う場面や誇張された表現などもあり、混乱した状況を伝えている。もっとも、薩摩側の将兵が記録した『琉球(りゅうきゅう)渡海日々記(とかいにちにちき)』や『肝付家(きもつきけ)文書』、琉球側の『喜安(きあん)日記』、七島衆(しちとうしゅう)側の『琉(りゅう)

球入(きゅういり)』(または『琉球入ノ記』『琉球征伐記』)などを相互に参照することで、大まかな過程を把握することができる。

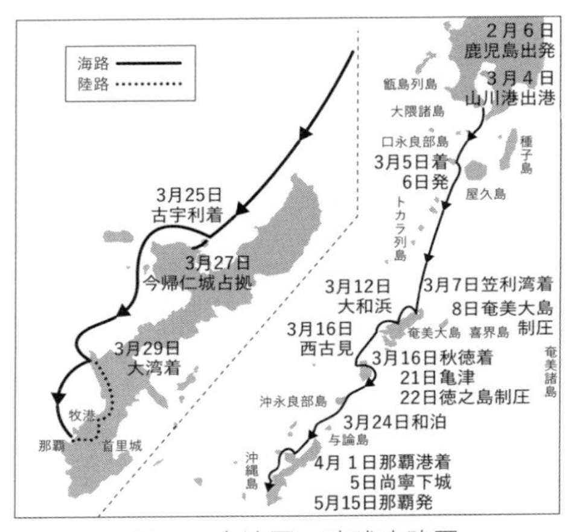

図21 島津軍の琉球攻略図
(『沖縄県史 各論編4 近世』等参照作成)

薩摩半島の山川に集結したのは、3000の兵とそれを乗せる約70隻余りの船であった。島津氏の兵は、火縄銃を主装備とする戦国の世を生き抜いた強兵で経験も豊富であった。また、琉球側も全くの無防備ではなく、弓などを中心に少ないながら火器を装備していたが、経験に乏しく軍事力の面で大きな差があった。ただし、広大な海域に点在する島々を越えての遠征は危険性も高く、島津側にもさまざまな不安要素があったことは確かである。とりわけ、安全な航路をいかに確保するかは重要な問題で、薩摩側はトカラ列島の海商集団である七島衆を取り込んで侵攻に臨んでいた。

沖縄島への侵攻の前哨戦となったのは、奄美の島々であった。3月4日に山川を出た島津軍は、奄美大島の北部にある笠利(かさり)を占領し(同月8日)、別働隊が16日までに大島西岸の西古見(にしこみ)などの港湾も制圧した。島津勢侵攻の報は10日には沖縄島へもたらされ、これより以後、数度の使者が派遣されるが、短期決戦を目指す行軍に交渉は後手にまわったとみられる。戦闘が早期に決着した大島に比べ、徳之島ではかなりの抵抗がみられたが、22日ごろまでに制圧された。

この後、島津側はついに沖縄島へと到達し、古宇利(こうり)島へ現れると、3月27日に今帰仁(なきじん)城を占拠した。この時、琉球側の使者との会談が行われたが、交渉は拒否され、主力は読谷(よみたん)の大湾(おおわん)から上陸して陸路を南下、一部は那覇港へと侵攻した。島津勢は、散発的な戦闘および放火を行いながら、北谷・浦添を経由して首里を目指した。4月1日、琉球側は首里への入り口となる太平(たいへい)橋付近で応戦したが敗れ、市街への侵入を許して首里城は包囲され、3日琉球側はついに降伏した。

戦後処理

降伏した尚寧(しょうねい)王一行は、1609年5月15日に島津勢に連れられて那覇を出発し、翌年、鹿児島を経由して江戸へと連行された。駿府(すんぷ)では徳川家康に謁見している。この後、鹿児島へと戻った尚寧らは、1611年（慶長16）9月、島津氏による琉球統治の方針を示した「掟(おきて)十五ヵ条」の発布とともに、忠誠を誓う起請文(きしょうもん)へと署名させられ、ようやく帰国が許された。抗戦を主導したとされる謝名(じゃな)親方（鄭迵(ていどう)）は、最後まで起請文への署名を拒否し、9月19日に鹿児島で斬首された。前年に奄美諸島は島津氏へと割譲され直轄支配となっており、琉球も島津氏による間接的な支配を受け入れ、近世という時代を迎えていくこととなる。

図22「中山王尚寧起請文」（部分、東京大学史料編纂所所蔵）

【参考文献】

上原兼善『島津氏の琉球侵略』（榕樹書林、2009年）
上里隆史『琉日戦争1609―島津氏の琉球侵攻―』（ボーダーインク、2009年）
黒嶋敏『琉球王国と戦国大名―島津侵入までの半世紀―』（吉川弘文館、2016年）

中琉日関係のなかの琉球国

薩摩藩の支配方針

1611年（慶長16）、島津氏による琉球統治の基本方針を示した「掟十五ヵ条」が発布された。その内容は多岐にわたるが、主に琉球の人・物の移動を制限し薩摩の指示を仰ぐ体制とすること（第1・6・7・13条）、年貢の確約と知行・諸税の管理に関すること（第2・3・8・12条）、治安維持に関する法令の貫徹（第4・10・11・15条）などを挙げることができる。中国との貿易に制限が加わるだけでなく、日本の他領との往来も制約されるなど、琉球の交易に島津氏が深く関わる体制作りが意図された。

さらに、琉球全土でおこなわれた慶長検地（経済状況を把握する測量調査）に基づいて知行および年貢が定められたほか、日本の枡の使用や不法行為の取り締まりなど、日本・薩摩式に倣うようにするなど、掟十五ヵ条は、その後の琉球社会に大きな影響を与えていくこととなる。

また、実効的な支配を進めるため、薩摩藩は琉球に在番奉行を配置した。割譲された奄美諸島にも奉行（後に代官）を配置して島の行政を監督・指示したが、琉球では王府の自治を前提に、より間接的な支配の方策がとられた。那覇には在番奉行ら数十名規模の藩役人が駐在するのみで、彼らが本国からの指示を王府へ伝えるとともに、その行動を監督・監視する体制をとった。

実際、在番奉行らは、琉球人が圧倒的多数を占める社会のなかに滞在しており、琉球・薩摩関係が不安定であった17世紀などはかなりの緊張を強いられる環境にあったと思われる。在番奉行らが、那覇の市街に居を構え、緊急時に市街を脱出し隣接する小島(渡地)に立て籠もれるよう橋を整備した逸話などが残る(『琉球国由来記』)。

琉球国の地位

薩摩藩は、支配の正当性を示すため、歴史的に琉球は島津氏の附庸であったとする言説(嘉吉附庸説)を下敷きにしながら、寛永年間に徳川将軍(家光)より琉球高を正式に認められ、琉球を薩摩の手の内、すなわち「附庸」の国であるとの位置づけを確定させていった。

一方で、島津氏の領地と認められていた薩摩や大隅などとは異なり、琉球はその枠外にある国、すなわち「異国」であるとの性格も同時に認められていった。このことは、幕府・薩摩とも、他国を従えているという自らの特殊な武威を示すため、「異国」としての琉球の性格を必要としたためである。琉球の地位は、島津氏へ従属することを通じて日本の枠内にある「附庸」の立場を持ちつつ、その枠内から外れる「異国」という立場を併せ持つことが、近世を通じとられていった(幕藩体制の中の「異国」論)。琉・薩・日の立場が複雑に絡み合いながら、琉球をめぐる一見、矛盾する2つの立場は、近世を通じて文脈や場面に応じて使い分け、発揮されていくこととなる。

琉明関係と尚豊政権

島津氏の琉球侵攻は、幕府からみれば日明関係の修復斡旋を琉球側に迫るなかで発生した事件であった。侵攻の成功によって、日明間の関係修復または貿易の再開のため、琉球ルートでの交渉が企図されたが、幕府の意図はすぐに頓挫することとなる。1612年(万暦40)に、豊臣秀吉

図23 尚豊御後絵(沖縄県立芸術大学附属図書・芸術資料館・鎌倉芳太郎文庫所蔵)

の朝鮮出兵以来、日本を警戒する明は、派遣されてきた琉球使節に日本の介入を感じとり、10年後に再び来貢するようにと告げ、琉球と距離をとる方針を打ち出したからである。

結果、1620〜30年代をかけて琉球は、交渉以前に明との関係回復に専念しなければならなくなった。また、同時期に幕府の方針によって国内の唐船(とうせん)貿易に制限が加えられ日本の「鎖国(さこく)」化が進むと、島津氏は琉球の進貢貿易の拡大・介入をテコに、藩財政の立て直しを目指すようになっていく。特に1633年(崇禎(すうてい)6)の尚豊(しょうほう)王への冊封(さくほう)受け入れと引き換えに、琉明関係はほぼ正常な状態に復帰するが(二年一貢)、その影で、琉薩間で検討されていた貿易拡大の諸策(派遣する進貢船の二隻への増加など)も認められることとなった。

尚寧(しょうねい)の後を継いだ尚豊とは、どのような人物であったのであろうか。尚寧は、そもそも自らの後継者として、尚豊の息子である尚恭(しょうきょう)をすえようとし、薩摩側とも協議を重ねていた。しかし、薩摩藩は、1620年(元和(げんな)6)に尚寧が死去すると、前代の約束を反故(ほご)にし、晩年の尚寧政権を取り仕切っていた尚豊を後押しした。琉球内でも尚恭がいまだ幼少であることを理由に、尚豊を推す声があったようである。結果、薩摩側の意向も組み入れた形で、混乱する琉明関係の修復と琉薩関係の安定を目指す尚豊政権が誕生することとなった。このことは、従来の明への臣従だけでなく、同時に薩摩・日本へ臣従することを原則とし、中琉日三者の関係のなかで国を営むという、琉球が近世的な国家体制へ移行する転換点ともなった。

もっとも、尚豊政権は、数々の困難を抱えながらの船出となった。特に、1634・36年、琉球人に托して進貢貿易へと投下された銀の多くが、福建側の商人らに奪われる王銀詐取事件（実態は明当局による密貿易摘発）がおこり、大きな損害を出した。また、琉球の貿易担当官たちの薩摩側への非協力による抵抗にも遭い、交易品に粗悪品が混ぜられるなど、貿易の多くは薩摩側の期待を裏切るものとなった。侵攻以来の薩摩・日本への確執から、新たに誕生した尚豊政権を支えるはずの琉球内部の家臣のなかにも、その協力のあり方に大きな温度差があったのである。

明清交替という激震

17世紀前半の琉球の進貢貿易は、前述したようにさまざまな要因によって機能不全を起こし停滞した。一方、大国である明も中国東北部の遊牧民である満洲族（後金、のちに清に改称）の侵入や海上勢力（鄭芝龍ら）の台頭などに苦しみ、1644年（崇禎17）、最後は李自成などを中心とする農民反乱によって滅亡した。

中国東北部の拠点・山海関で明軍を率いていた呉三桂らは、北京陥落の報に接すると、清軍へと降り協力して農民反乱の鎮圧に加わった。これにより、北京において満洲族を中心とする中国王朝としての清政権が樹立されることとなった。その後、清軍は明の王族・遺臣らによって樹立された南明政権を次々と破り、中国全土を支配下に治めていく。

1645年には、琉球とつながりの深い福州で隆武政権が興ったが、清軍の侵攻で翌年には瓦解した。この時、福州琉球館（柔遠駅）に滞在していた琉球使節の毛泰昌（別名：毛泰久、豊見城親方盛常）は北京へ送られ、清への恭順を促された。琉球は、長らく従ってきた漢族による明を正統とみなし、新興の清との接近をためらっていたが、1649年に清への帰服を示していく。

また、1673年、清へと降っていた呉三桂らによって三藩の乱がおこると、再び大規模な戦乱が発生し、1681年に鎮圧されるまで混乱が続いた。明の滅亡から清の建国、統治の確立までの一連の動きは明清交替と呼ばれるが、この期間に中国では断続的に戦乱がおこり、琉球からの使節派遣や貿易がたびたび途絶した。これにより琉球では、事態に対応するための国内改革が求められていくこととなる(87頁参照)。

この明から清への王朝交代は、辺境の一部族であった満洲族が中国全土を統治するという、当時としては想像しがたいできごとでもあった。このため、日本では華と夷が入れ替わったとして衝撃をもって受け止められ、その様を「華夷変態」とも称した。破竹の清軍の侵攻は、一時、琉球を経由して日本へ及ぶのではないかとの懸念を生み、幕府は琉球を「異国」として日本から切り離そうとする態度を示すことにもなった。

つかず離れず

島津氏による琉球侵攻から、明清交替の混乱をへて琉球は、中国(清)・日本(幕府・薩摩)という2つの大国へ臣従することとなったが、それは両者の支配を同時に受け入れるという矛盾が露見しないよう、徹底して調整された関係・体制作りを必要としていくものでもあった。このことは一方で、琉球がどちらかに取り込まれないよう、つかず離れずの関係を保つことで、両サイドからの力の拮抗のなかに「小国」としての生存の道を探るものでもあった。17世紀の2つの激動をへて、中国・琉球・日本という三者のバランスのなかで、琉球という国が営まれていくのである。

その意味で、琉球の王位の承認過程は、琉球をとりまく国際的な関係を如実に表している。琉球国王の即位は、まず国内において後継者が推戴され承認されたが、次に日本(島津氏・幕府)の承認と謝恩使節の派遣

図24 朱鶴年『奉使琉球図巻』「入境登岸」(上)と
『首里那覇港図屛風』(右、いずれも沖縄県立博物館・美術館所蔵)

を必要とし、さらに中国（清）から冊封使(さくほうし)を迎えることでようやく完了するものであった。一人の国王の即位に、3度の承認と儀礼を必要としたのである。

例えば、国王を任命するため、冊封使が琉球を訪れることが決まると、その数年前から受け入れの準備として食料の確保などが始まり、日本との関係を示す文物の隠匿(いんとく)、那覇に駐在する在番奉行(ざいばんぶぎょう)らの郊外への移動など、国をあげて朝貢国・琉球の整備が行われた。日頃は薩摩からの船でひしめく那覇港は様変わりし、中国皇帝の目である冊封使に、みるべきものをみせられるよう、細心の注意が払われた。

一方で、日中双方との持続的な関係を持つことで、両者からさまざまな文化を取り入れることができた琉球は、自らの文化を織り混ぜながら、今日の組躍や琉球料理といった、琉球独自の伝統文化を生み出していくことへとつながっていった。

【参考文献】

豊見山和行『琉球王国の外交と王権』(吉川弘文館、2004年)
豊見山和行編『琉球・沖縄史の世界』(日本の時代史18、吉川弘文館、2003年)
渡辺美季『中日関係と近世琉球』(吉川弘文館、2012年)
麻生伸一「近世琉球における王位継承について—尚育王と尚泰王の即位を中心に—」(『東洋学報』95(4)、東洋文庫、2014年)
木土博成「〈論説〉琉球使節の成立—幕・薩・琉関係史の視座から—」(『史林』99(4)、史学研究会、2016年)

Column 5

冊封儀礼のなかの組踊

組踊は、台詞・舞踊・音楽を組み合わせ創作された琉球独自の歌舞劇である。また、中国皇帝の使者として琉球へ派遣された冊封使歓待のために行われた芸能である。その後、近代の沖縄芝居などの台頭や沖縄戦の戦禍による継承の危機を乗り越え、実演家の人々により脈々と受け継がれ、1972年に国指定重要無形文化財となり、2010年には世界無形文化遺産に登録され、国内・国外で高く評価を受けている。

組踊の初演は、近世琉球に編まれた歴史書である『球陽』によると、1719年（康熙58）尚敬王冊封に伴い、清国から冊封使（正使：海宝、副使：徐葆光）らが派遣された。同時に、玉城朝薫（唐名：向受祐）が「琉球の故事を基にして演劇を創始した」とする記事がみられる。

朝薫は都合7回にわたり公務として薩摩や江戸に赴き、能・狂言などを観賞したり、「軒端の梅」を薩摩藩主の前で披露したりすることもあった。そのため、朝薫は日本芸能に触れる機会に加えて、演じるほどの造詣の深さもあり、「執心鐘入」、「二童敵討」、「銘苅子」、「孝行の巻」、「女物狂」の五番を創り上げたと考えられる。

また、組踊初演に関する史料として、冊封使が琉球の冊封儀礼の様子や習俗などの情報を著したものを冊封使録という。冊封使録において、徐葆光が著した『中山伝信録』には首里王府が主催する冊封使へ催される冊封七宴のうちの重陽宴で行われ、その際に「鐘魔事」（「執心鐘入」）「鶴亀二児復父仇古事」（「二童敵討」）の玉城朝薫が創作した組踊二番を記載している。その内容は、組踊の登場人物の出自など内容を詳細に理解していた記載がみられる。徐葆光以降に来琉した冊封使録にも組踊に関する内容の記載がみられ、1756年（乾隆21）に尚穆王冊封の際の副使周煌著『琉球国志略』や1800年（嘉慶5）に尚温王冊封の際の副使李鼎元著『使琉球記』などにも散見されている。

ではなぜ冊封使は、組踊の内容を記載したのか。また、冊封使は組踊の台詞が琉球語にもかかわらず、内容を詳細に理解した上で冊封使録に記したのであろうか。

まず、琉球王国時代において上演された組踊の主題に着目する。組踊の主題は、①儒教倫理の徳目である「忠」「孝」②ストーリー内で王府が大きく関わる内容が多くみられる。このため、中国からもたらされた儒教倫理観と皇帝の徳治が琉球へも浸透していることを組踊という演劇を通じてアピールを行ったことで、冊封使録には、琉球国の故事として儒教の徳目を体現した人物がいるとして組踊の内容が記載されたと考えられる。

図25「二童敵討」あまおへ七目付
（平成22年4月15日　第8回普及公演、国立劇場おきなわ運営財団提供）

次に、冊封使が組踊で用いている言語が異なっているのにもかかわらず、内容を深く理解していた点についてであるが、徐葆光が組踊を観賞した際に琉球側が渡したとされるのが「説帖（せっちょう）」とよばれる漢訳された演目解説書の存在である。

「説帖」という史料は、現在発見されてはいない。しかし、那覇市歴史博物館には、尚家文書の中に演戯故事（えんぎこじ）（「戊戌冊封諸宴演戯故事巻之六」126号・「演戯故事」127号・「丙寅冊封諸演席前演戯故事巻之九」248号・「丙寅冊封諸演席前演戯故事巻之十」249号・「丙寅冊封那覇演戯故事巻之十一」250号、那覇市歴史博物館所蔵）という史料が5点所蔵されている。演戯故事には、組踊および端踊（はおどり）（現在の琉球古典舞踊）の内容を漢訳した解説書である。

演戯故事は、久米村方の漢文組立役により作成され、冊封使来琉に際して、久米村に臨時で置かれる書簡司が演戯故事の内容を清書し、久米村の長史が冊封使側の通訳官である河口通事、武官である参将・副将・弾圧官へ呈上している。このことからも演戯故事が単に漢訳されたものでなく、作成や呈上過程まで決められていたことがわかる。

また、演戯故事の内容は組踊本を補足する形での記載がみられる。たとえば、「二童敵討」だと組踊本では勝連按司あまおへ（阿麻和利）が登場し、護佐丸を滅ぼし、首里への野望を語る場面がある。この内容を演戯故事では勝連按司阿公と毛国鼎との対立したことや阿公が讒言を行った様子も含め、組踊本よりも詳細に記載している。このため、冊封使たちは組踊の内容について、琉球語を解さずとも漢訳の解説書により理解していたと考えられる。

以上のことから、冊封儀礼のなかの組踊において、組踊の主題や演戯故事で記された内容から、琉球の「故事」に中国からもたらされた儒教の要素が盛り込まれることで、たんなる娯楽として冊封使に観劇させるだけでなく、清国からもたらされた思想文化を恭順に受け入れた琉球を示すことで冊封体制を維持するための一翼を芸能が担っていたといえよう。

【参考文献】

板谷徹『近世琉球の王府芸能と唐・大和』（岩田書院、2015年）
池宮正治「冠船芸能の準備―踊奉行の任命と故事集―」（1993年初出）（池宮正治著・島村幸一編『琉球芸能総論』笠間書院、2015年所収）
大城學『沖縄芸能史概論』（砂子屋書房、2000年）
我部大和「演戯故事からみる近世琉球の組踊りの世界」（琉球中国関係国際学術会議編『トランスナショナルな文化伝播―東アジア文化交流の学際的研究―』琉球中国関係国際学術会議、2015年）

3

首里王府と士族層

体制の模索―危機と改革

琉球にとって17世紀の100年間は、国の内外でさまざまな変化が起こった時代であった。対外的には島津氏による琉球侵攻（1609年）や中国における王朝交替（明清交替・1640～80年代）が起こり（74頁、80頁参照）、国内では唐芋（サツマイモ）の普及と大規模な農地・新田開発を背景として人口が急激に増加した。

目まぐるしい変化の中で、国内ではさまざまな改革が押し進められ、結果、琉球のあり方は大きく変化していくこととなった。新たな体制を模索する具体的な動きとして、1666年（康熙5）に摂政に就任し辣腕を振るった羽地朝秀（唐名：向象賢）による改革（羽地仕置、1666～73年）や、1728年（雍正6）から四半世紀にわたって三司官を勤めた具志頭文若（唐名：蔡温）による改革などがある。琉球を代表する2人の政治家が登場した17世紀後半から18世紀前半は、琉球にとってはまさに改革の時代であった。変わりゆくなかで成立したさまざまな制度や様式、文化的価値観は、その後の琉球のあり方を規定し、沖縄の「伝統」を形成していくこととなる。

2人の行った改革に共通するもっとも大きなポイントは、中国（明・清朝）・日本（幕府・薩摩）との関係を前提にして、不測の事態にも対応可能な安定した国内体制を作り上げようとしたところにある。特に両者にとって中国の王朝交替は、混乱によって中国との貿易が数十年にわたって絶たれたことから、国家の存続を脅かす危機として記憶された。不安定な対外関係への依存を克服し国を存続させていくため、政治的には日中両大国とわたりあえる強力な官僚システムの整備、経済的には農業生産の拡大と安定（あわせて山林資源の保護）が目指されていった。

近世における王府機構

改革の時代を通じて、王府の行政機構は、緻密な官僚制に基づくシステムへと作り替えられていった。その基本的な体制や運営システムは、役職の改廃や新設などによって変化はあるものの、蔡温が登場する18世紀前半に概ねの完成をみていく。最後の国王尚泰に仕えた喜舎場朝賢が残した記録（『東汀随筆』）によれば、近世における王府の仕組みとは、概ね次のようなものであった（図26）。

まず、王府を取り仕切る最高位のポストとして、国王を補佐し、羽地らも就任した摂政・三司官があった。そして摂政・三司官を支え、王府の頭脳ともいえるのが、17世紀後半に新設された評定所である。評定

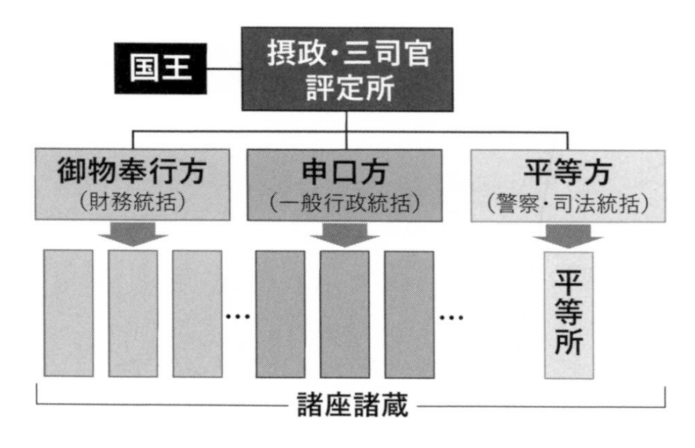

図26 近世琉球の王府機構概念図

所には、優秀な官僚が選任され、主要な政策についての審議・立案を行い、王府が進める政策全体を取り仕切る役割を担った。

この評定所の下には、大きくは町方（首里や那覇などの都市部）の運営といった主に一般行政を担う部署を統括する申口方と、財務を担う部署を統括する御物奉行方、司法・警察を担当する平等方という3つの部門が置かれた。申口方・御物奉行方・平等方は、評定所によって立案され国王によって裁可された政策を実施する際、内容に応じて関係部署を束ね指示・調整を行う司令塔となった。任務実施の指示は、その後、執行機関である諸座諸蔵と総称されるさまざまな部署に送られた。諸座諸蔵には、例えば瓦の製作などを統括した瓦奉行所や、那覇の一般行政を担う親見世、家譜（系図）の編纂を担当する系図座など、さまざまな部署があり、上位の部局からの指示に基づきながら、各部署が連携し王府の手足となって政策を展開していった。

王府機構の各部署には、さまざまな役職が設置されていたが、それらは一般に1〜3年の任期で交替を繰り返すものと、任期を定めず評定所などの上位の部局に置かれ、任期を定めずに勤める「定役」と呼ばれた役職が存在した。定役とされた役職に任命されると、慣例では十数年ほど勤めた後、「旅役」と呼ばれる役職に進むのが一般的であった。「旅役」は、細かくは唐旅（中国）・大和旅（日本）・地下旅（国内）などに分かれる海外・諸離島などに派遣される役目の総称であった。定役を勤めて旅役へといたる官僚システムの確立は、多岐にわたる国内行政と中国や日本などとの外交・貿易政策を一体的に展開する必要に迫られた、近世琉球のありようを反映した仕組みであった。

家譜の成立と官僚制・身分制

17世紀後半から18世紀前半における改革では、組織を支える多くの官僚を必要としたが、それを担ったのが士身分とされた人々（士族）であった。王府の機構改革とそれを支える官僚層としての士身分の登場は、17世紀後半に進められた『家譜』の編纂と士農分離による身分制の成立を前提として進んでいく。近世末期の史料によれば、19世紀後半には66の部署に約450の役職が設けられていたが、そこでは常時、約1400人の士族と約350人の百姓が働き、身分の別によって勤めることのできる職が定められていた。

王府は、1689年（康熙28）に系図奉行を置くと、当時奉公していた人々に自らの出自・由緒について記した家譜（系図）の編集を指示した。作成された家譜の原稿は、系図座においてその内容が詳しく調べられ、認可されると国王の印（「首里之印」）を押して1部を返却し、もう1部を系図座で管理した（図27）。琉球において正式な家譜を持つことは、国家による許可を必要とし、家譜を持つことを許された者を「系持ち」（＝士）、持たない者を「無系」（＝農）と称し、結果的に士・農を分ける役割を持つようになっていく（士農分離）。当初の家譜編纂の意図は、王府に奉公する人物の出自や家格を明らかにし、中央役人層の序列を定めて家臣団を再編し、王府で働く官僚層の地位を明確にしようとするものであった。しかし、家譜の所持が士農分離を促し琉球的な身分の別を明らかにしていくと、王府を支える官僚層の確定だけでなく、それ以外の人々を百姓身分として確定することとなった。身分制の成立は、身分と職を結びつけ、そのことにより国を安定的に運営していく仕組みとなり、近世琉球を規定する社会秩序を形成していく。

図27 琉球の家譜
（「向姓家譜大宗」金城棟永蔵、『大琉球写真帖』より、那覇市歴史博物館提供）

花形としての定役と旅役—琉球士族の人生

近世琉球社会を官僚として生きた士族の人生は、職歴などを記す『家譜』などから知ることができる。実際に『家譜』をみてみると、そのなかにはさまざまな役職を勤め栄華をきわめる者もいれば、ほとんど役職を得ることができなかった者もいた。琉球の官僚制は、家格などに左右されつつも、士族であれば誰もが役職を与えられたわけではなく、限られたポストを奪い合う厳しい就職・出世競争の行われる世界であった。士族たちにとっての出世の花形は、沖縄のわらべうた「耳切坊主」に「ジョーヤク、カチヤク」（定役、書役）と歌われる、前述の評定所や申口方・御物奉行方に置かれた定役とされた筆者職であった。

たとえば、真境名安英（唐名：毛士英）という人物は、23歳の時に勤めた国学（琉球の最高学府）の筆者職（事務官）を皮切りに奉公をかさね、32歳の時に評定所筆者を補佐する足筆者に就き、寄筆者、筆者相附と下積みの役職を勤め続けていく。そして37歳の時についに花形の評定所筆者に就任した。評定所筆者を勤めた後は、旅役の1つである脇筆者（進貢使節の一員）に任命されて清へ渡り、帰国後は要職を歴任した。56歳の時には評定所の事務方トップである評定所筆者主取に任命され、さらに最高位の旅役の1つである才府（進貢使節の貿易担当官）へも就任して、大里間切真境名の地（地頭地）を国王から与えられた。下積みをへて官僚の花形である定役を勤め、その後に無事に旅役を勤めあげた人生は、王府官僚の成功モデルの典型ともいえるものであった。

農政改革と乾隆検地

17世紀後半から始まる経済改革では、農業生産の拡大と安定を目指す重農主義的な政策が押し進められた。羽地による改革では、田畑を新たに開墾する仕明が積極的に奨励され、琉球国内の農業生産は急速に拡大した。また、農村における行政・農政改革の一環として、1697年（康熙36）に役人による不正防止や年貢上納の遵守などを定める『諸間切方式帳』（法式）が公布され、法令に基づく地方支配が進められた。蔡温の改革期にも農政・農法を定める『農務帳』（1734年）、間切行政の所掌を定める『諸間切公事帳』（1735年）などがつぎつぎと公布されていった。

『農務帳』の公布後には、琉球の国土と経済を正確に把握するため、大規模な土地調査事業である乾隆検地（「乾隆大御支配」）が実施された（1737～50年）。乾隆検地は、検地としては1609～11年の薩摩藩による慶長検地以来の実施であり、琉球が独自に実施した点で画期的であった。また、土地調査に付随して、中国式の三角測量技術を応用し印部石（基準点）をもとにする正確な測量も実施された。これにより曖昧であった田畠や山林、海岸線などの境界が明確になるとともに、測量の結果を集積して現代と比べても遜色のない国土地図が作成された。例えば、測量図面である「間切針図」のほか、沖縄島全体を描く「琉球国之図」（図28）や、間切単位で記した「間切図」などがある。

測量による国土の可視化は、安定した農政の展開や土地利用を進める

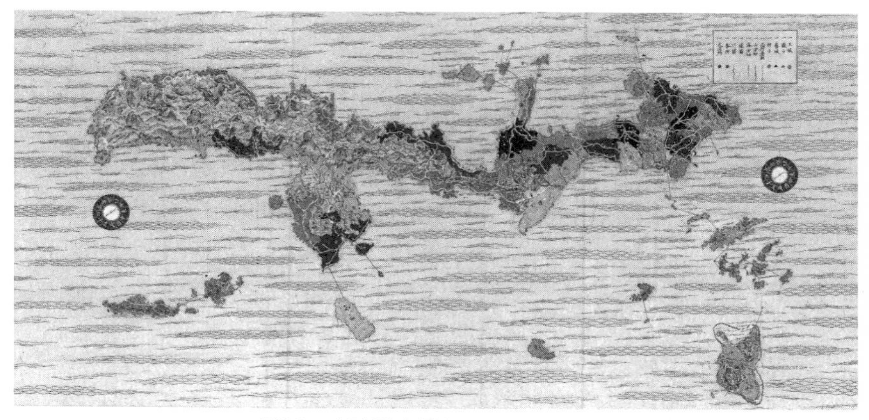

図28 琉球国之図（沖縄県立図書館所蔵）

ための基礎情報となっていった。

このように17世紀後半にはじまる一連の改革によって琉球では、体制面では官僚システムと身分制の確立、経済面では農業生産の強化と国土の効率的な利用が可能となり、自律的な国家体制の構築が目指されていった。

【参考文献】

財団法人沖縄県文化振興会公文書管理部資料編集室編『沖縄県史　各論編4　近世琉球』（沖縄県教育委員会、2005年）
田名真之「自立への模索」（『琉球・沖縄史の世界』吉川弘文館、2003年）

Column 6

琉球の家譜を読む

家系の記録を文書などで残す営みは、世界のあちこちで共通してみられる行為である。例えばヨーロッパの王侯貴族の系譜（genealogy）、中国の一族の記録である族譜、日本の大名や武士の家系図など、血統を明らかにし、親族との関係を秩序立てて記録することは、とりわけ前近代の社会では自らの身分を明らかにするものとして重視された。沖縄本島においても17世紀後半になると公的な手続きをへて編纂される家譜（系図）が数多く作られるようになった。

1689年（康熙28）に家譜の編纂を所管する系図奉行が任命され、翌年に専門機関としての系図座が始動すると、首里や那覇を中心に王府に奉公していた人々は家譜の作成を本格化させた。沖縄において家譜を作成することは国による許可を必要とし、公認された家譜には「首里之印」が押された。内容を記載する時も系図座による厳しい審査をへてはじめて可能となるため、文書は公的な記録として扱われた。19世末に系図座が管理していた首里・那覇居住の士族の家譜目録『氏集』には、居分（本籍地）や唐名（中国風の名前）の姓ごとに整理され、総計2900冊あまりの家譜があったとする。

一般に琉球の家譜は、家系を図式化した「系図」と個人の履歴を記す「家譜」の部分からなる。その書式は、当初、和系格と呼ばれる当主の連続性を重視するものが主流であったが、後に唐系格と呼ばれる世代間の関係を重視する書き方へと改められていった。琉球の家譜は同じ祖先（元祖）・同じ唐名の姓（例えば「蔡」や「毛」など）を共有する一族（門中）を単位に記されたことから、同姓＝父系血縁のつながりを重視する沖縄の伝統的な文化や価値観の形成に大きな影響を与えた。

18世前半までに沖縄本島では、家譜を持つことが身分の別（士農分離）を決定づけていった。そのため宮古や八重山の役人層の中でも家譜編纂の機運が盛り上がり、数度の請願の後、1729年（雍正7）に宮古・八重山でも家譜を編纂することが許可された。

宮古・八重山の家譜は、蔵元（宮古・八重山それぞれに置かれた地方政庁）内に置かれた系図座で審査・保管された。一方で宮古・八重山の家譜は沖縄本島のものと比べ、「首里之印」はなく、また宮古の家譜が和系格、八重山の家譜が唐系格で記され伝存するなど、書式・体裁が異なっている。宮古の家譜が古式である和系格で作成され続けたのに対し、八重山の家譜が唐系格に改められたのは、当初の家譜（和系格）の大部分が1771年（乾隆36）の乾隆大津波（明和津波）によって失われ、再度作成されたことが関係しているとされる。

図29 程順則
（個人蔵、画像提供：沖縄県立博物館・美術館）

家譜には実際にどのような内容が書かれているのか、その一端を久米村の士族で、琉球を代表する文人・政治家として名高い程姓七世の程順則の家譜から見てみたい（『程姓家譜』）。その冒頭は次のようにある。

名前は名護親方、童名は思武太、字は寵文。号は念菴。行一（長男）で、康熙2年10月28日亥時（午後10時頃）に生まれる。雍正12年12月8日戌時（午後8時頃）に亡くなる。享年72歳。

琉球人はさまざまな名前を持ったが、程順則は名護親方寵文（親方は称号）、童名（幼少時の名前）は思武太であること、その生卒年月日や時刻までが記される。他にも名前の後には、父や母、妻、子供の記録、職歴などが詳しく記された。家譜は5年ごとに書き足され、個人の死後も代々の子孫が記録されるなど、近世琉球を生きた琉球人の姿を伝える記録の宝庫である。

琉球社会と特産物・日本産品・中国商品

国家と社会と身分

近世琉球において、薩摩藩は琉球王国を支配したが、琉球社会を統治したのは首里王府であった。薩摩藩は王府権力である徴税権や行政権を接収することはなく、王府機構や王国の制度は保持された。近世の琉球は、「幕藩体制のなかの『異国』」と定義されるが、王権を存続、国家体制を維持したまま、幕藩体制に包摂されたのである。

琉球の身分制度は17世紀後半に確立するが、士族は、中央政府である王府の官職に就き、王府役人として琉球国王に奉公する支配層であった。町方（都市部）に住み士族社会を形成した。一方、被支配層、すなわち課税対象者である百姓身分の人々は、圧倒的多数が地方（間切）に住み、主に農業を生業とした。そして、18世紀前半、地域のなかでも特定のイエの出身者が地方行政の担い手である間切・村レベルの地方役人に就く。琉球社会を統治したのは王府であったが、地方行政の担当者は、士族が務める王府役人でなく、百姓身分の地方役人だったのである。彼らも課税対象者であったが、一般の人々を使役する権利を持った。地域社会の支配層でもあったのである。国家のありかたと地方行政の有り様を踏まえると、間切における百姓身分の人々の世界は、町方の士族社会と区別して考える必要がある。

ここでは、近世琉球の国家と社会を国産品や輸出入品などのモノから考えてみたい。地域における特産物の生産、琉球社会における日本産品の流通と中国商品の消費について検討する。

百姓身分の人々と特産物

琉球社会を統治した首里王府は、百姓身分の人々に対して、年貢と労役（夫遣(ぶづかい)）からなる負担を課した。両者が王府財政の歳入に当たる。年貢は幕藩体制の指標である石高(こくだか)制による穀物を基準とした。王府財政では一般会計であり、歳出では薩摩藩への上納物である仕上世米(しのぼせまい)が計上された。王府機構では、年貢と労役の両者とも、物奉行(ものぶぎょう)が管轄する各部署が担当したが、最前線の間切や村で徴収や出納の業務を担ったのは地方役人であった。

近世中期以降、労役によって、琉球の特産物が生産された。黒砂糖やウコンと反布(たんぷ)類である。多くは日本市場で消費されたが、生産地は王府が間切ごとに割り振っていた。琉球の特産物は、地域別に割り当てられ、管理生産されていたのである。

黒砂糖とウコンは王府の商品作物であった。沖縄島と伊江(いえ)島の民衆を夫遣することによって生産された。王府財政では特別会計枠であった。黒砂糖は、沖縄島の島尻方(しまじりほう)と中頭方(なかがみほう)の全ての間切（15間切・11間切）、国頭方(くにがみほう)の9間切のうち3間切、そして伊江島に割り振られた。近世末期の段階で生産量が最も多いのは伊江島である。年貢と労役のバランスは均等ではなく、労役に著しく偏った地域もあったことに気付く。ウコンが割り振られたのは国頭方の6間切である。国頭方の各間切の地域社会を検討する場合、黒砂糖とウコンのどちらを割り当てられたかにも留意する必要があろう。

黒砂糖は、薩摩藩を通して上方(かみがた)市場で売却され、琉球の中国貿易の輸出品である日本産の銀を獲得していた。王府財政の一般会計の歳出では貿易銀の予算を計上する余裕がないため、黒砂糖が特別会計枠として扱われ、貿易銀を調達する資金源となっていた。特定地域の民衆への労役が琉球の中国貿易と完全にリンクし、表裏一体の構造となっていたのが近世中期以降の特徴である。この点、古琉球との大きな相違点といえよう。

反布類は、主に薩摩藩へ御用布や上納布などとして上納されたが、島嶼部に集中的に割り振られた。宮古島と八重山島の両先島には上布など、久米島には紬であった。上布や紬の製作で染めと織りの工程に直接的に関わったのは女性である。紬の場合、原料である綿子（＝真綿）は、久米島で自給されるのみならず、供給地に時期差や変遷はあるものの、久米島周辺の渡名喜島・粟国島・慶良間諸島や沖縄島西側の伊平屋島にも生産が割り当てられた。反布類は労役によって製作されたが、貢布制によって年貢と差し引きされた。王府の商品作物と仕組みは異なるものの、これも年貢と労役のバランスに関連する問題である。

専売化された日本産品

近世の琉球社会には、薩摩藩領内船（大和船）によって搬送された砂糖鍋・延鉄（鉄鍋や農具の原料）・米・茶・煙草・昆布・繰綿などの日本産品が流通していた。一見、多くの物品がもたらされ、流通が活発であったように見受けられるが、1624年（寛永元）、薩摩藩は他領船を排斥して日本から琉球への海上交通を独占した。琉球に来航する日本船は大和船に限定された状態であり、薩摩側の売り手市場であったことに注意しなければならない。琉球で自給や国産化できないものは、こうした構造のもとで買い付けざるを得なかったのである。18世紀末頃には、大和船の船頭や水主は、繰綿や昆布などの一手販売を繰り返している。昆布は薩摩藩とともに琉球の中国貿易の輸出品でもあった。

19世紀になると、薩摩藩の中国貿易と直結して藩による日本産品の流通統制が強化される。1818年（文政元）、藩は中国貿易の担当部署である唐物方（とうぶつほう）を設置、琉球が輸入した中国商品の一手買入制を施行、1826年（文政9）には、琉球支配の拠点である在番奉行所（ざいばんぶぎょうしょ）とは別に、唐物方の出先機関が那覇の民家を間借りして置かれた。そして、1844年（弘化（こうか）元）の産物方（さんぶつほう）への改称と前後して、琉球に対して日本産品の専売を実施する。船頭などによる一手販売から藩による専売へと転換したのである。1847年（弘化4）から1849年（嘉永（かえい）2）の場合、対象は、昆布・筋干藻（＝筋寒天）・種子油（たねあぶら）・繰綿・指宿（いぶすき）煙草・茶・桐油（きりあぶら）・荏子油（えごまあぶら）・米の9品目であったことが指摘されている。この代価を資金として漢方薬の原料である薬種（やくしゅ）などの中国商品を輸入し、江戸幕府が直営する長崎貿易に回した。薩摩藩はこのために琉球で需要がある日本産品を専売化したのである。日本産品の流通統制と中国貿易は直結していたことに留意すべきであろう。

明治初年の那覇の様子を半鳥瞰図的に復元した「那覇読史地図」を見ると、在番奉行所に隣接した昆布座のほか、近くの唐船小堀（とうせんグムイ）に面した場所に「油座（あぶらざ）」を確認できる。昆布座は、薩摩藩の唐物方（のち産物方）が管理し、輸出品かつ専売品でもあった昆布など日本産の海産物の倉庫である。油座は王府機構には存在しない。1840年代の専売品には油が3品目ほど含まれていた。専売品を管理した倉庫であった可能性があろう。なお、王府機構のなかでも年貢と労役に関わる部署として、薩摩藩への上納物を所管した仕上世座（しのぼせざ）、両先島の年貢や物品の出納を扱った宮古蔵は唐船小堀を挟んだ渡地村（わたんじ）に置かれた。

大衆消費財の輸入

1630年代、徳川政権の貿易統制が「鎖国」状態へと行き着く時期、薩摩藩は琉球の中国貿易に介入し、同藩の琉球船による中国貿易が開始される。しかし、1640年代から1670年代の琉球・中国関係は、明清（みんしん）交替に連続する抗清復明（こうしんふくみん）運動など中国の国内情勢によって不安定な状態が続く。薩摩藩は貿易の独占を図ったものの、このままでは琉球側の協力を得られないと判断し、1680年代、琉球に貿易の復活を認める。こうして、琉球船による中国貿易は薩摩藩との共同出資体制となった。黒砂糖を売却して獲得した貿易銀が輸出されるのはこれ以降である。薩摩側は領主(りょうしゅ)と藩の貿易、琉球側は首里王府と個人貿易など複数の貿易が並存した。琉球側の個人貿易は、王府が使節や船舶乗組員個々に上限額を設定して認めた貿易である。王府からは貿易銀が支給されたが、昆布など日本産の海産物は薩摩側から買い付けた。

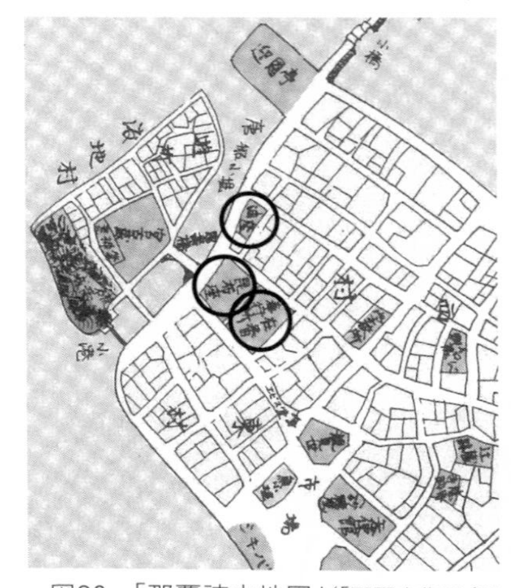

図30「那覇読史地図」(「那覇市街図(明治初年)」)の在番奉行所付近拡大図
唐船小堀近くに油座と昆布座がみえる

琉球の中国貿易の輸入品のなかでも、薬種・生糸・絹織物の多くは、薩摩藩を経由して日本市場に売却された。琉球王権の周辺では、南宋(なんそう)時代にさかのぼる中国絵画や墨蹟(ぼくせき)が収集され、首里城でも国王が日常政務をとる書院(しょいん)(南殿の奥)に収蔵された。儀礼の場面では、これらの書画が飾られ、王権の存在感を高める機能を果たした。

しかし、主力商品や美術工芸品だけでなく、18世紀後半以降、農具・民具・衣料品・番傘(ばんがさ)(=油傘)・粗磁器(そじき)などの生活用品が大量に輸入されたことが指摘されている。琉球側の個人貿易によると思われる。中国製の大衆消費財が琉球社会で流通して消費されるようになったのが近世中後期から末期にかけての特徴である。輸入品が身近になったといえよう。当時、都市部では人口が増加し、消費型社会が成立したが、中国商品の消費地や消費者は町方の士族に限らず、地方の百姓身分の人々や町方の職人など町百姓も含まれていたと考える。同時期、地方においては、階層的にも地方役人と重複する百姓身分の富裕層（ウェーキ）が登場している。

【参考文献】

上原兼善『近世琉球貿易史の研究』（岩田書院、2016年）
里井洋一「近世琉球におけるウコン専売制の起源と展開—夫役がささえるウコン経営—」（『琉球王国評定所文書』第18巻、浦添市教育委員会、2001年）
真栄平房昭「琉球貿易の構造と流通ネットワーク」（『日本の時代史18　琉球・沖縄史の世界』吉川弘文館、2003年）
真栄平房昭『琉球海域史論（上）—貿易・海賊・儀礼—』（榕樹書林、2020年）

Column 7

奄美諸島と琉球

奄美諸島は、現在の鹿児島県域の南端に位置し、北から奄美大島・喜界(きかい)島・徳之島・沖永良部(おきのえらぶ)・与論島などで構成される島々である。奄美諸島の最南端である与論島と沖縄本島北端の辺戸岬(へどみさき)は、直線で22kmしか離れておらず、お互いに目視できる距離にある。隣接することもあって奄美と沖縄は、兄弟島などとも呼ばれ、歴史的・文化的にも深いつながりを持っている。

しかし、その歴史的関係は複雑である。奄美諸島は当初、琉球—日本間の海域に独自の勢力としてあったが、第一尚氏王統最後の国王尚徳(しょうとく)による喜界島遠征などもあって、15世紀半ばまでに琉球国の版図に組み込まれた。以後は、沖縄島にならった行政制度が用いられ、「首里大屋子(しゅりおおやこ)」（役職）が置かれて島々を統治し、区画も「間切(まぎり)」が使われた。しかし、琉球が1609年（慶長14）の島津氏による侵攻に敗れると、奄美諸島は割譲されて薩摩藩の直轄地となり、島々には代官所(だいかんじょ)や奉行所(ぶぎょうしょ)が置かれ、少ないながら薩摩藩の詰役人(つめやくにん)が駐在して島内の行政を監督する体制へと変わった。この頃の奄美は、薩摩から琉球へといたる海上にあったため「道之島(みちのしま)」と呼ばれた。

もっとも、近世の奄美は、薩摩藩による支配下にありつつも、1609年以降の琉日（薩）関係を中国側に隠蔽するため、表向きは「琉球国の内」とされた。このため、奄美の人々は、琉球の唐名(とうな)（琉球の士族がもった中国風の名前）との関係から一字姓(いちじせい)を用い（18世紀後半以降）、普段の装いも琉球風の衣装や髪形・簪(かんざし)を使用した。また、奄美の島々に中国人が漂着すると、那覇を経由して中国側へ送還され、逆に奄美の人々が中国へ漂着した場合は、琉球人として装うよう指示されており、福州にあった琉球館(りゅうきゅうかん)へ送られた後、那覇経由で帰島した。

近世における奄美諸島から沖縄本島への渡航は、薩摩藩の代官所や奉行所の許可を得ることで公的に可能であった。特に沖縄本島北部との関係は深く、相互に島々で生産されない日常品や資材などが売り買いされ、奄美からは芭蕉や材木などが運ばれた。また、琉球産の壺屋焼などの焼物は、奄美の島々に日用品として大量に運ばれ、水甕などは時に骨壺などに転用された。公式の渡航だけでなく、無許可で渡航して摘発される例などもあり、それらを含めると、かなりの人々が奄美—琉球間を往来していたようである。

また、中国から国王代替わりの際に琉球へ冊封使が派遣されると、使節一行が多人数であったこともあり、奄美の島々からも鶏や豚などが献上品として運ばれた。この時、那覇へ渡った奄美の人々は、琉球側が開いた宴席に参加して使節団の一行から漢詩の添削を受けることもあった（『渡琉日記』）。距離的にも近い奄美と沖縄本島の交流は、薩摩と琉球という異なる領域にありながら、想像されるよりも日常的で深いつながりを持っていたのである。

琉球内からも多くの船が奄美に渡り、商売や漁業を行っていた。沖縄本島周辺の慶良間諸島や久高島、平安座島出身の船乗りたちは、航海術に精通し、海運業を営んだ人々として有名であった。彼らは中国—琉球—薩摩間の遠洋航路にも関わり、中国行きの進貢船や薩摩行きの楷船、琉球内の海運を支えた地船などの大型船に乗り込み、海上交通を担った。

1850年代の奄美の様子について、薩摩藩士の名越左源太が記した『南島雑話』には、久高島の漁民が奄美大島まで渡って素潜り漁でウミヘビ（エラブウミヘビ）を捕っている姿が絵図入りで紹介されている。沖縄の漁民たちは、奄美でも腕利きの漁師として知られていたのである。

図31 『南島雑話』の「久高之人大島来永良部鰻魚取」の図
（奄美市立奄美博物館所蔵）

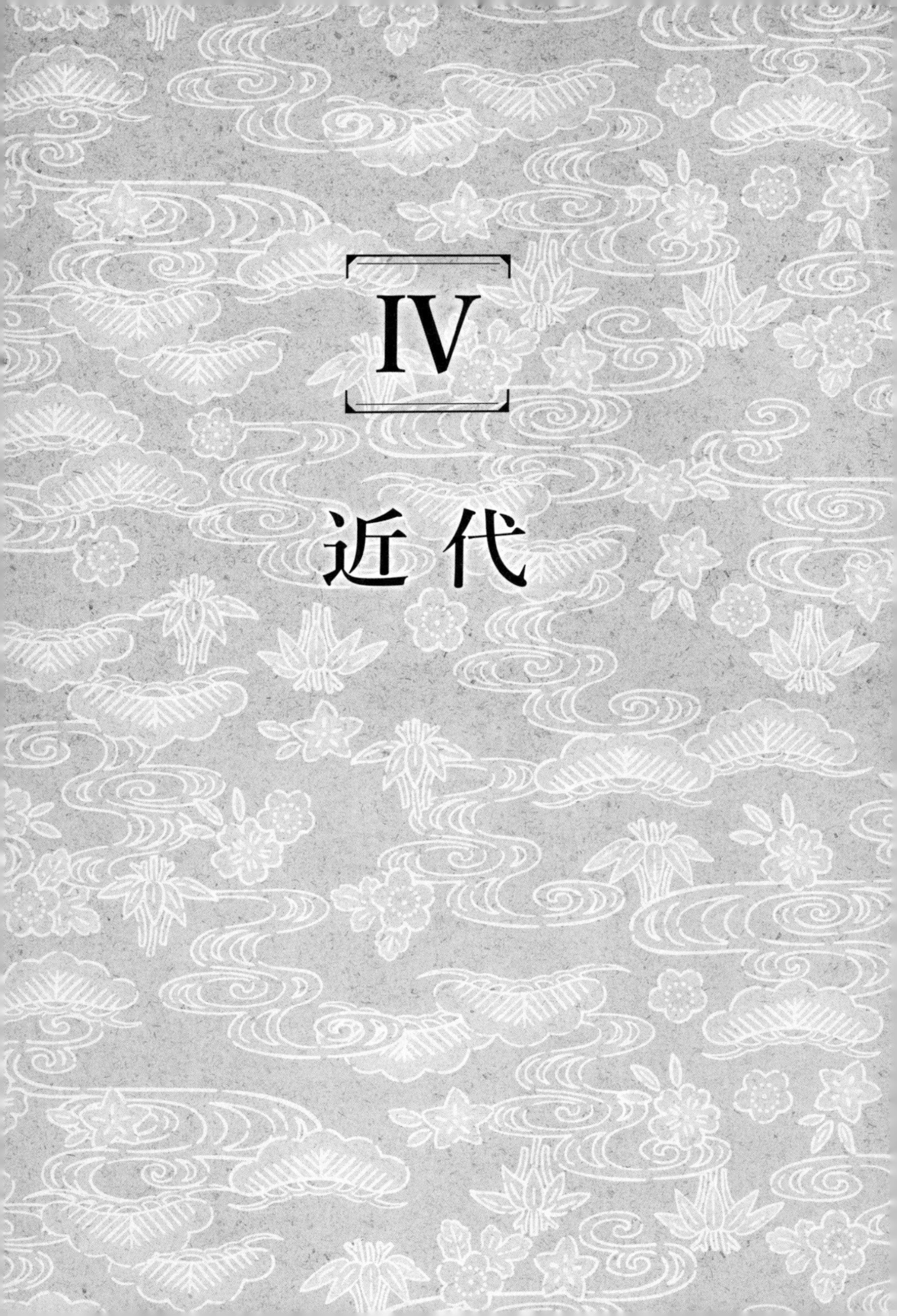

IV

近代

異国船の来航

―アジアの近代との接点―

近代以前のアジア国際関係

「アジアの近代」の起点をどこに求めるのかは非常に難しい問題だが、国際関係史の観点から考えると、アジア地域における欧米諸国の進出が本格化した19世紀中葉が画期といえるだろう。

これ以前のアジア地域の国際関係は、荒野泰典(あらのやすのり)が指摘しているように「海禁(かいきん)」と「華夷秩序(かいちつじょ)」が基軸となって構築されていた。そして、この国際関係の中心に位置していたのが中国の歴代王朝であり、「華夷秩序」に基づく「冊封(さくほう)」と「海禁」を前提とした「朝貢貿易(ちょうこう)」によって、アジア地域に一定の安定を生み出していた。

また日本は、豊臣秀吉が朝鮮侵攻によってこの国際関係に挑戦し、離脱した後、江戸幕府が朱印船(しゅいんせん)貿易、そして「鎖国(さこく)」という名の管理貿易体制を構築することで、独自の国際関係を生み出した。

琉球は中国を中心とする国際関係、日本による独自の国際関係の両方に組み入れられることで、一定の安定を確立していた状況にあった。他方、欧米諸国のアジア進出は琉球近海にも及び、18世紀末のプロビデンス号、19世紀初頭のアルセスト号・ライラ号など、異国船(いこくせん)の来琉が続いた。

「アジアの近代」の始まり

欧米諸国のアジア進出は、こうしたアジアの国際関係に大きな変容を生み出すこととなった。ただし、注意しなければならないのは、欧米諸国のアジア進出は各国独自の外交政策だけに基づいてなされたのではなく、当時の国際関係、とくにヨーロッパ内の国際関係と強く結びついているということである。南塚信吾(みなみづかしんご)は「「世界のどこかの部分で緊張が高まれば、ほかの部分で緊張が緩和される。そして世界のどこかで緊張が緩めば、必ず他の部分で緊張が高まる」といった「ゴム風船」のような「関係」」を意識する重要性を指摘しているが、アジアの近代や異国船の琉球への来航を考えるときにも、こうした視点は不可欠である。

こうした観点から、1850年代の世界を考えるとき、ヨーロッパにおけるクリミア戦争と、アメリカ合衆国の「フロンティア消滅」が大きな意味を持つ。

「1848年革命」の混乱を乗り越え、「国民国家化」が最大の課題となっていたヨーロッパ地域の諸国のなかで、アジアとの関係を構築できる余裕のあった国はイギリスだけだった。しかし、そのイギリスも、アヘン戦争とその後の「南京(なんきん)条約体制」によって清との貿易関係を構築した後は、たとえば太平天国(たいへいてんごく)の乱(らん)など、清との円滑な貿易が阻害されることを防ぐためには積極的に介入したものの、基本的には国内の「工業化」とその促進につながる「自由主義政策」の推進に力点を置いていた。

アヘン戦争後の「南京条約体制」確立の過程で清と条約を締結したフランスは、1848年の二月革命、1851年のルイ＝ナポレオンのクーデタ、1852年の第二帝政の成立と、国内の政治状況の混乱のため、アジアに関わる余裕を失っていた。また、中欧地域では、「ドイツ統一」をめぐってプロイセンとオーストリアが激しい主導権争いを展開していた。

他方、1825年に皇帝に即位したニコライ1世の下で、ロシアは中央

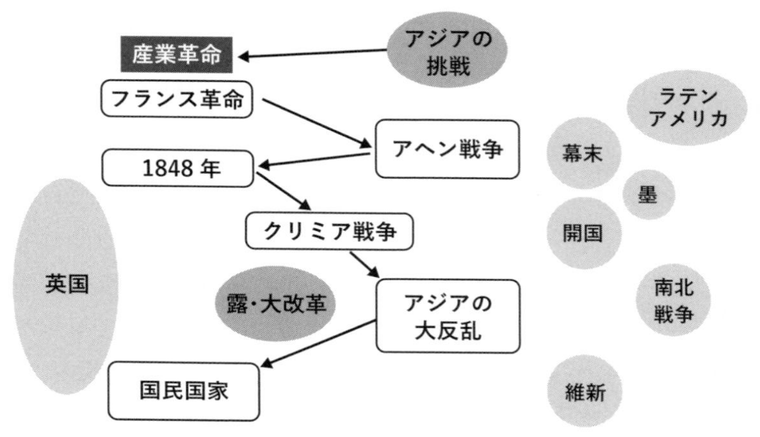

図32 欧米とアジアの「緊張と緩和」の「連動」
（南塚信吾『「連動」する世界史』岩波書店、2018年）

アジア、バルカン、近東など、周辺地域への進出を続けていたが、1847年にムラヴィヨフが東シベリア総督（そうとく）に就任すると極東アジアへの経済的進出が強化され、領土的野心さえ示すようになった。

こうしたヨーロッパ諸国の「緊張を高めた」のが、1853年に始まり1856年まで続いたクリミア戦争だった。ほぼすべてのヨーロッパ諸国がこの戦争に参戦していた間、ヨーロッパ諸国のアジア地域への関与はそれまで以上に困難になった。

他方、ヨーロッパにおける「緊張の高まり」と無関係だったアメリカ合衆国は、クリミア戦争の時期にアジアとの関係を強めることとなった。建国以来「明白な天命」論に基づいて西部への領土拡大を続けてきたアメリカ合衆国は、1848年に太平洋岸まで到達し、「フロンティア」の消滅という現実に直面することとなった。太平洋岸地域への中国人労働者の移住もあり、アジア交易への関心が高まった結果、広大な太平洋を新たな「フロンティア」とし、中国航路を開拓するために西太平洋地域への進出をめざしたアメリカ合衆国は、1852年にペリーの艦隊を西太平洋に派遣した（図34）。

つまり、ペリー来航はヨーロッパにおいてクリミア戦争の緊張が高まっている時期、言い換えれば、ヨーロッパ諸国がアジアに関与する余裕のない時期になされたものである。このため、第三国から介入を受けることなく、日本や琉球との条約を締結することができたのである。

これを琉球の側から考えると、アメリカとの条約締結は、中国を中心とする国際関係と日本による独自の国際関係の両者がまだ機能し、「一定の安定」が残存しているなかでおこなわれたといえよう。だからこそ、琉球王府は架空の対応組織を設置してまで、実際の王府が欧米諸国との直接的な関係を構築することで「一定の安定」に変化が生ずることを避けようとしたのである。

ヨーロッパの緊張緩和とアジア情勢

クリミア戦争は、ロシアのセヴァストーポリ要塞が陥落した一方、イギリスやフランスの戦争継続も困難な状況だったことから、1856年にパリ条約が締結されて終結した。このことは、ヨーロッパの緊張を一時的に緩和させた一方で、アジアの緊張を高めることになった。

クリミア戦争に敗北したロシアは、黒海地方にかわってバルカン半島、中央アジア、そしてアムール川流域への進出を強化した。1858年には清と愛琿条約を締結し、アムール川左岸を領土に組み込んだ、また、1860年代に入ると、国際的な綿花価格の高騰を背景として、綿花生産地だった中央アジアへの軍事的進出を再開した。

こうしたロシアの動きは、インドと清でイギリスが保有していた政治的、経済的利権に対する脅威と認識されたため、英露間の利権をめぐる対立（グレート・ゲーム）が本格化した。このため、イギリスはアジア地域への関与を強化することとなり、1857年にはペルシアとの国境を画定し、インド大反乱を鎮圧するなど、インド利権の確保に注力した。他方、中国においては、1856年のアロー号事件を契機として、イギリスはフランスとともに中国と第二次アヘン戦争を戦い、1858年に天津条約、1860年に北京条約を締結して中国との外交的、経済的関係を強化した。

しかし、ロシアも天津条約締結後にイギリス、フランスと清との間で再開した戦争を終わらせることを仲介したことを口実として、清との間に北京条約を締結し、沿海州を自国領土に組み込むことに成功した。

フランスは第二次アヘン戦争や、1863～1864年の下関戦争でイギリスと行動をともにし、プロイセンは1859年にオイレンブルグ使節団を派遣するなど、英露以外のヨーロッパ諸国もアジア地域への関与を試みていた。しかし、1859年のサルデーニャとオーストリアの開戦に始まるイタリア統一運動、1864年のデンマーク戦争を契機とするドイツ統一戦争の展開というヨーロッパの緊張の高まりによって、アジアへ本格

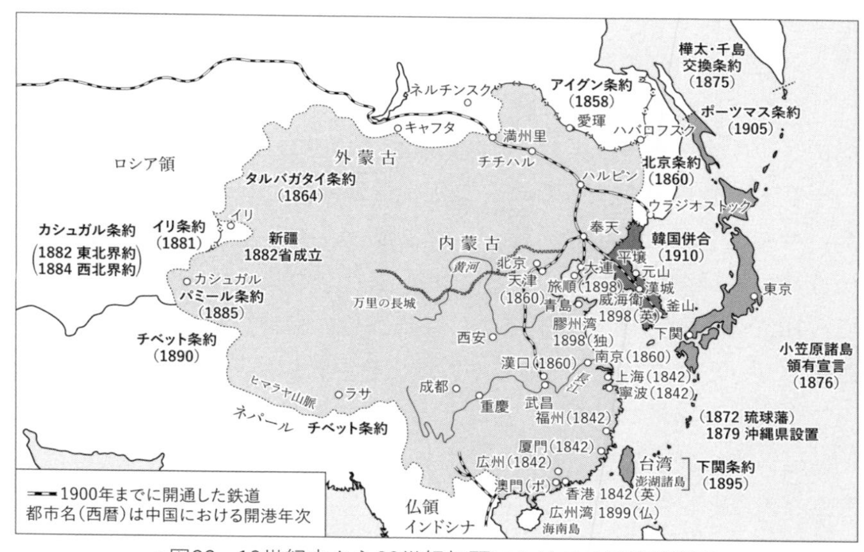

図33 19世紀末から20世紀初頭にかけての国境線画定
(川島真・服部龍二編『東アジア国際政治史』名古屋大学出版会、2007年)

的に関与する余裕を再び失ってしまった。

また、クリミア戦争期にはアジア地域で本格的な影響を行使できた唯一の国家だったアメリカ合衆国は、1860年代に入ると状況が一変した。1860年の大統領選挙で共和党のリンカンが勝利したことによって、南部諸州が南部連合を結成して北部諸州と対立した結果、1861年から南北戦争が勃発したのである。南北戦争は1865年に終結したが、アメリカ合衆国は戦争からの再建に膨大なエネルギーを割かざるを得ず、アジア情勢に積極的に関与することが困難となった。

このように、クリミア戦争後のアジアの国際関係は、英露のグレート・ゲームの影響を主軸としながら、これにアジア域内諸国の状況や関係の変化が輻輳して展開することとなった。

アジア域内諸国の状況変化と琉球

1850年代以降における欧米諸国のアジア進出によって大きな影響を受けたのが日本と清だった。

ペリー来航の結果として、1854年に日米和親条約を、その後に来日したハリスとの交渉結果として、1858年に日米修好通商条約、さらにイギリス、フランス、ロシア、オランダと同様の条約を締結した日本は、統治方針や「開国」をめぐって幕府内外で大きな混乱を引き起こした。さらに、1863年の薩英戦争や下関戦争に至る攘夷運動の展開が、この混乱を増幅させることとなった。この混乱は、最終的に1867年の大政奉還に至り、江戸幕府の統治体制を終焉させることとなった。このことは、江戸幕府が構築した「独自の国際関係」が崩壊したことも意味している。

他方、1861年に同治帝が即位した清は、太平天国の反乱を鎮圧させた後、総理衙門を設置して欧米諸国に対して協調的な姿勢をみせ、西洋式の軍備や技術を導入するといった政策を進めた。アジアの周辺諸国と

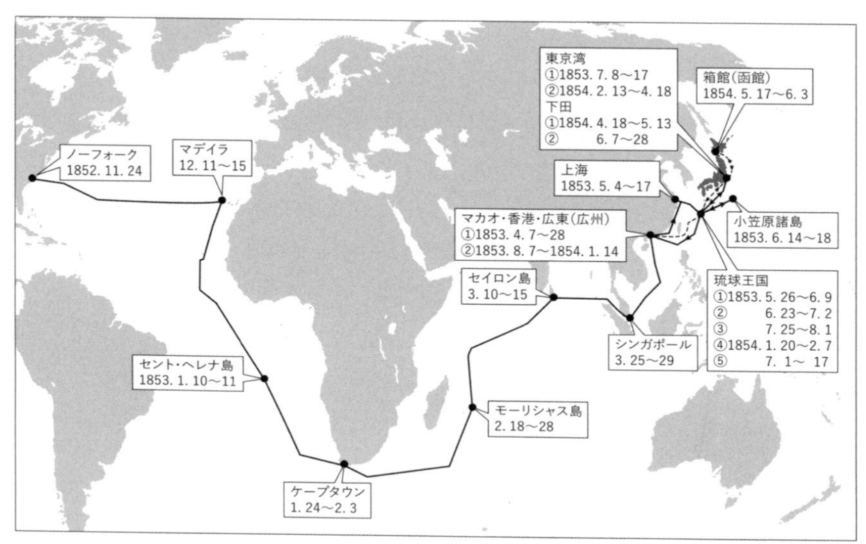

図34 ペリー艦隊日本遠征航路(航路と日付は旗艦のもの)

の「冊封」関係は継続し、欧米との関係も論理的には「華夷秩序」の中に組み込まれ、欧米諸国との交易は「朝貢貿易」の例外と位置づけられたものの、「中国を中心とする国際関係」は確実に変容し、弱体化を余儀なくされていた。

琉球を「一定の安定」に置いていた２つの国際関係がともに変容したことは、琉球をとりまく国際的な環境を確実に変化させた。

アジアに関与する余裕のあったフランスは、1844年に琉球との和親と交易を求めて戦艦アルクメーヌ号を那覇に派遣した。琉球を支配していた薩摩藩の島津斉彬(しまづなりあきら)は、江戸幕府の老中である阿部正弘(あべまさひろ)の了解を得て、フランスの日本進出の防波堤として琉球を位置づけるという名目で、琉球とフランスの交易を実現させることで薩摩が利益を得ることを目論んだが、清との関係を憂慮した琉球の消極的な姿勢のために上手くいかなかった。しかし、島津斉彬は、琉球と欧米諸国との交易関係の樹立を実現するために、琉球王国の高官人事にまで介入した。その結果、1844年に来琉し、8年間滞在したベッテルハイムの下で語学習得に努め、通詞としてアメリカとの交渉で活躍した牧志朝忠(まきしちょうちゅう)が抜擢されたが、島津斉彬が急死すると情勢は一変し、琉球王国内で保守的な立場の者が勢力を巻き返し、牧志は恩河(おんが)親方とともに投獄されてしまった。

琉球の保守派のこのような行動は、琉球を「一定の安定」に置いた旧来の国際関係を前提としており、琉米(りゅうべい)条約締結時に琉球がとった方策の延長線上の対応だったことは明白である。

しかし、クリミア戦争の終結以後、「アジアの近代」が大きく動き出した。とくに日本では、江戸幕府が崩壊し、西洋的な国家体制を前提とする明治政府が成立した。中国を中心とする国際関係は変容と弱体化が急速に進展していた。すなわち、琉球の「一定の安定」を担保していた外的状況は確実に変化したのである。

この事態に加えて、英露のグレート・ゲームがアジアを舞台に展開し始めていた。「アジアの近代」は、アジア域内の諸国家だけの論理で構築された国際関係から、西洋諸国の論理と国家間関係の影響を確実に受ける国際関係へと転換したことを意味している。琉球の「近代」は、こうした国際環境のなかではじまったのである。

【参考文献】

荒野泰典『「鎖国」を見直す』(岩波現代文庫、岩波書店、2019年)
金城正篤他『沖縄県の百年』(山川出版社、2005年)
三谷博・並木頼寿・月脚達彦編『大人のための近現代史　19世紀編』(東京大学出版会、2009年)
南塚信吾　責任編集『国際関係史から世界史へ』(ミネルヴァ書房、2020年)
南塚信吾・秋田茂・高澤紀恵責任編集『新しく学ぶ西洋の歴史　アジアから考える』(ミネルヴァ書房、2016年)
吉澤誠一郎『清朝と近代世界(シリーズ中国近現代史①)』(岩波新書、岩波書店、2010年)

2

近代国家の成立と「琉球処分」

「琉球処分」とは何か

「琉球処分（りゅうきゅうしょぶん）」とは、狭義には1870年代の明治政府による琉球の併合（へいごう）を意味するが、一方で戦後から現在の沖縄を取り巻く政治状況と関連して「〇度目の琉球処分」「〇〇の琉球処分」と何度も使用されてきた言葉でもある。

アヘン戦争後、東アジア国際関係の急激な変化のなかで、これに危機感を覚えた日本では、徳川幕府に代わり明治新政府が誕生した。明治政府は、欧米列強をモデルとする近代国家建設を目指し、1870年代には北の蝦夷地（えぞち）（北海道）や、南の小笠原諸島、琉球列島など周縁地域に対する領土化と国境の画定を押し進めていく。このなかで生じた琉球王国の併合過程を「琉球処分」という。

ただし、琉球処分という出来事の時期区分（いつからいつまで）や評価、言葉の定義については、その研究が行われた時代によって大きく変化している。研究者によって定義は異なるが、概ね1872年の「琉球藩王冊封（琉球藩設置）」から1879年の「廃琉置県処分」までを琉球処分期と設定する見方が多いように思われる。ここでは明治政府による琉球併合の総称として「琉球処分」を使用し、1879年の一連のプロセス（琉球王府の廃滅と沖縄県の設置）を「廃琉置県処分」と表記している。本章では、1870年代の一連の政治過程を多様な視点から概観してみよう。

薩摩－琉球関係の再編（琉球藩時代）

近世期までの薩摩・琉球関係が大きく変動するのは、1871年に日本全国で実行された廃藩置県に起因する。中央集権国家の形成を目指す明治政府は、全国の諸藩を廃止し、統治者である藩主を東京へ集住させたうえで、これに代わって府県を設置した。薩摩藩も例に漏れず、これに代わって鹿児島県が設置される。その際に、近世の薩摩・琉球関係をいかに明治政府（天皇）と琉球との関係に再編するのか、また薩摩と清国の双方に従属していた琉球の所属をどのように位置づけるのか、政府のなかで重要な外交案件となっていた。

当初、鹿児島県の管轄となった琉球には、鹿児島県から伊地知壮之丞（貞馨）、奈良原幸五郎（後の沖縄県知事・奈良原繁）らが派遣される。伊地知らは薩摩藩が琉球に貸していた藩債の免除を通達するとともに、琉球国内を隈なく視察し、鹿児島県に倣った琉球の内政改革を要求した。琉球王府は鹿児島による新たな収奪の可能性を警戒し、この要求をのらりくらりとかわした。

一方この時期、明治政府内でも琉球の所属問題は議論となっており、琉球の処分論（併合論）から両属公認論など複数の可能性が検討されていた。最終的には、外務卿副島種臣の提示した漸進的な領土化を前提とした尚泰の冊封論が採用される。

1872年9月、王府は「維新慶賀使」派遣の要求に応えて、王族の伊江王子を正使とする使節団を東京へ派遣した。明治天皇と謁見した慶賀使一行は、その場で国王尚泰を「琉球藩王」として冊封する詔書を渡され、琉球は外務省の管轄となる。「冊封」という東アジアの伝統的な国際関係を模した形で、明治政府（天皇）と琉球（藩王）の関係性が明確化されたのである。翌1873年、琉球使節は副島種臣から「琉球の国体政体は永久に変更せず」との言質をとり、文書に残している。外務省が管轄した72～74年までの明治政府の対琉球政策は、租税の免除や蒸気船の下賜など琉球に恩恵を与えてじわじわ日本へなびかせて取り込もうとするものであった。

この時期には、政府の派遣役人による琉球の内政調査が進み、同時に公文書や外交文書の接収が進められた。なかでも外交文書の接収は、次の欧米列強との関係に大きく関連していた。

欧米列強の関与

琉球処分のプロセスにおいて、近世末期に琉球が欧米諸国と結んだ「三条約」（琉米修好条約（りゅべいしゅうこう）、琉仏修好条約（りゅうふつしゅうこう）、琉蘭修好条約（りゅうらんしゅうこう））は、重大な外交案件であった。明治政府は琉球から条約文書の接収を進める一方、副島外務卿は琉球が条約を結んでいたアメリカやフランスに対して、琉球の「併合」を通達している。琉仏・琉蘭修好条約は未批准であったため重要視されなかったが、ここでポイントとなるのは、琉球との条約を唯一「批准」した米国の動向である。条約締結国の「併合」という出来事に対して米国は、明治政府が琉米修好条約の内容を引き継ぐ意思があるのか確認したうえで、琉球の併合を承認（黙認）した。この段階では各国ともに琉球へ直接確認はとっていないが、あくまで欧米列強の主眼は自らの利益にあり、ドイツやイタリアは明治政府に対して最恵国待遇の適用を要求し、琉米修好条約の特権を獲得した。

廃琉置県処分直前の時期に琉球王府は欧米諸国に対して救国請願運動を展開し、近世末期に琉球が条約を結んだことを根拠に明治政府の要求の不法性を訴える。アメリカやフランスは、琉球の主張が正当であることを認めつつも、自らの利益を優先する立場から対日関係の維持・強化を重要視し、最終的に琉球の要求を黙殺した。

内務省移管から「廃琉置県処分」へ

1871年、台風の影響で台湾南部へ漂着した宮古の人々が山地原住民に殺害される事件が発生する。明治政府はこれに対する報復を口実とし、1874年に台湾出兵を強行した。台湾出兵をめぐっては日清間の談判となり、清から日本へ賠償金50万両を支払うことで妥結した。日清談判の直前に明治政府は、琉球の所属問題が外交案件と見做されることを事前に防ぐため、その管轄を外務省から内務省へ変更している。さらに、殺害された遭難者を「日本国属民」とする文言が日清間の条約中に入ったことで、明治政府はこれを琉球が日本へ所属する根拠とし、強硬な琉球問題の解決（処分）へと舵を切った。

内務卿の大久保利通は、処分官として松田道之を琉球へ派遣し、再三にわたって対清関係の断絶と明治年号の使用、裁判権の内務省移管を琉球王府へ要求した。これに対して王府は、対清関係の継続を表明し、その裏で清国や欧米諸国に対する救国請願運動を展開するが、欧米諸国は利益優先の立場から日本を支持（琉球の併合を黙認）する形となった。

図35 明治期の琉球の写真 7葉（原忠順文庫、琉球大学附属図書館所蔵）

1878年、西南戦争後に暗殺された大久保に代わり内務卿を引き継いだ伊藤博文は、松田道之が策定した「琉球藩処分案」を政府の基本方針とした。この「琉球藩処分案」では、明治政府からの要求を王府が度々反故にした処罰として「処分」を強行する旨が記述されている。

翌1879年3月末、軍隊300名余、警官160名余を率いた松田道之は首里城の明け渡しと尚泰の上京を布告し、同29日に尚泰は首里城を退去した。この様子を尚泰の四男尚順は後に「騒然とした人々のざわめきと、明るい篝火と、暗い夜空と、そうした中を、乳母に背負われて中城御殿にはいった記憶がある。中城御殿は御座敷から廊下まで一杯の人であった。私を背負った乳母が通れない位の人であった。私はその人々の間に、乳母に背負われたまま暗い廊下の隅に立ちつくして、あちこちに聞こえる嗚咽を夢のように聞いていた」と回想している（『松山王子尚順遺稿』）。

同年4月4日には、琉球（琉球藩）の廃止と沖縄県の設置が通達され、ここに450年続いた琉球王国は解体されたのである。国王が退去した首里城は、日本陸軍の熊本鎮台分遣隊が接収し、軍営として使用された。5月27日には、尚泰が東京へ連行され、近代日本の華族として侯爵に封じられている。

「処分」後の動向

王府士族たちは、外向きには清国へ亡命（脱清）し、清国政府に対して琉球救援を求める救国運動を展開した。また、沖縄内部では血判書による県政への不服従運動を展開する。その内容は県政への協力のボイコットや清国による救援の噂の流布、拠点である中城御殿への秘密裏の租税徴収など、武力ではなく非暴力の抵抗運動であった。これに対して、県庁は同年8月ごろから警察を動員して旧王府役人を検挙し、暴力によって服従させた。王府役人たちは、県庁の強硬策の前に県内部での抵抗運動の継続は不可能ととらえ、表向きには県庁への恭順を示し、その裏で清国への亡命と救援要請に一縷（いちる）の望みをかけた。

一方、一般民衆は王国の廃滅をどのように捉えていたのだろうか。例えば、当時の久米島では「日清間での戦争が始まった」「県令と書記官は上京し、鹿児島県人が代理を務めている」「琉球人は全員県庁の役人を辞職した」「熊本鎮台分遣隊はすべて撤退した」「久米村に中国人が来着する」などの噂話が流布していた。同様の噂話は沖縄島でも各地に広まっており、とくに日清間の戦争や不平士族による武力蜂起の噂により、地方へ避難する人々の姿が多く記録されている。これに対して県当局は役人を派遣し、一般民衆への説得と噂の沈静化を図った。不穏な情報が流布することで生じる社会不安によって、県庁による統治が不安定となり、大きな抵抗運動へ発展することを危惧したのである。置県処分後の県庁役人による各地での説得や噂の否定には、治安対策としての側面もあった。

この後、1880年には琉球所属問題をめぐる日清間の分島改約交渉（ぶんとうかいやくこうしょう）が始まる。米国元大統領グラントの調停の下、日清修好条規（にっしんしゅうこうじょうき）の改約による

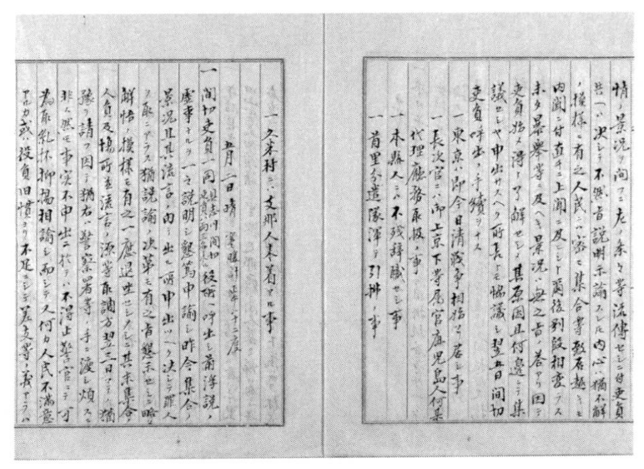
一東京ハ即今日清戦争相始リ居ル事
一本県人ニハ不残辞職セシ事
一首里分遣隊引拂ノ事
一久米村ニハ支那人来着スルノ事

Ⅲ図36Ⅲ 復命書（久米島出張復命書、原忠順文庫、琉球大学附属図書館所蔵）

清国国内での通商権の獲得と引き換えに沖縄島とその周辺離島以北を日本領沖縄県とし、宮古・八重山を清国領としてそこに琉球王国を復国させる案で両国は妥結した。しかしながら、王国版図の完全な復国を求める琉球士族の抗議は激しく、清国内で救国運動を続けていた林世功(りんせいこう)は自らの命を絶つことで激しい抗議の意を示した。また、清国とロシアとの国境問題（イリ問題）が終息したこともあいまって、清国は日本との交渉において強硬姿勢に転じ、分島改約交渉は棚上げとなる。結局、日清間での琉球列島の所属をめぐる最終的な解決は、日清戦争の結果を待つ必要があった。

【参考文献】

財団法人沖縄県文化振興会史料編集室編『沖縄県史　各論編5　近代』（沖縄県教育委員会、2011年）

後田多敦『琉球救国運動―抗日の思想と行動―』（出版社Mugen、2010年）

ティネッロ・マルコ『世界史からみた「琉球処分」』（榕樹書林、2017年）

波平恒男『近代東アジア史のなかの琉球併合―中華世界秩序から植民地帝国日本―』（岩波書店、2014年）

西里喜行『清末中琉日関係史の研究』（京都大学学術出版会、2005年）

前田勇樹『沖縄初期県政の政治と社会』（榕樹書林、2021年）

森宣雄「琉球は『処分』されたか―近代琉球対外関係史の再考―」（『歴史評論』603、2000年）

琉球新報社編『「琉球処分」を問う』（琉球新報社、2011年）

3

沖縄統治の変遷と旧慣温存

沖縄の「旧慣温存」とは？

廃琉置県処分（以降、置県処分と記す）の結果、首里王府は解体され、新たに沖縄県が設置された。名称上は、他府県と同様に近代日本の一県となったが、その内実は大きく異なるものであった。置県処分後の沖縄では、「旧慣温存」が統治方針となっていた。

ここでいうところの「旧慣」とは、王国時代の法制度や慣習を指しており、基本的には県令（県知事）の裁量で温存と改良（他府県との同化）が実施された。置県処分に対する抵抗運動の中心となっていた元王府士族層を手なずけることを最優先課題とし、現地住民の生活環境の変化を最小限に抑えるため、旧慣を用いた統治の確立が目指されたのである。この統治方針は、置県処分の直前に松田道之が作成した「琉球藩処分案」(1878年）のなかに記されており、それ以降の明治政府による沖縄統治の基本方針となった。

なお、旧慣温存が行われたのは沖縄だけではない。同時期に領土化された小笠原や、後の時代に植民地として取り込まれた台湾や朝鮮でも行われた。ただ、地域や状況によって内実は異なるので、ここでは置県処分後の沖縄で行われた旧慣温存について詳しくみていこう。

沖縄の初期県政

初期県政とは、初代県令の鍋島直彬（任期：1879年4月～81年5月）と二代県令の上杉茂憲（任期：1881年5月～83年4月）が県政を担当した時期のことである。両県令は、ともに近世期の「殿様」（鍋島が鹿島藩主、上杉が米沢藩主）であり、大名華族から沖縄県令に任命された。1871年に全国で実施された廃藩置県により、多くの大名が地方政治の場から遠ざけられるなか、この人事は異例のものであった。この背景には、東京へ連行された尚泰の代わりとして大名華族を派遣し、統治権威（琉球王権）を代行させる狙いがあった。そのため、県令には地方長官として必要以上に「動かないこと」が期待された。しかしながら、幕末の藩政改革や欧米留学など開明的な性格をもつ両県令は、沖縄へ同伴した多くの家臣らの協力のもと、自らの政治理念に従って積極的な県政運営を試みた。ここでは、初期県政の特徴的な政策である教育と勧業についてみてみよう。

図37　伊東橋塘編『府県長官銘々伝』（紅英堂、1881年、国立国会図書館デジタルコレクション）

琉球人と大和人との言語の不通は、沖縄統治における喫緊の課題であった。1880年には会話伝習所（後の師範学校）が県庁内に設置され、同年に旧国学（王府の最高学府）が中学校となり、県内各地に小学校が設置された。置県処分以前の段階では、士族のなかに県政への協力者を作ることが想定されていたが、両県令は士族・百姓を問わず他府県と同様の「普通教育」の普及を試みた。

しかしながら、1882年に沖縄を視察した尾崎三良(おざきさぶろう)は、初期県政の教育政策が「民情」に適していないことを政府へ報告している。また、沖縄の人々も学校を地域社会にとって異質なもの、もしくは統治の拠点と見做して「大和屋(やまとやー)」と呼んでいた。結局、3代県令の岩村通俊(いわむらみちとし)の時代にそれまでの教育政策は、王国時代の四書五経を中心とした「旧慣」に引き戻されたといわれている。

一方、勧業については一貫して糖業（黒糖生産）が重視された。置県処分以前には生糸生産などさまざまな産業振興が提案されていたが、結果として旧慣温存方針のなかで近世期から続く糖業が重視された。1880年に鍋島県令は政府から払い下げられた勧業資金を元手として、糖業農民の保護と県による砂糖の買上を実施する。王国時代の公的な砂糖の買上価格は、100斤（約60kg）あたり11銭であったのに対し、これが3円20銭まで引き上げられ、負債を抱える多くの間切(まぎり)で糖業による勧業がすすめられた。他方、黒糖の原料となるサトウキビ（甘蔗(かんしょ)）の生産が増加するのに伴い、主食であるイモ不足の記録も各地でみられた。

王国時代の糖業は甘蔗作付制限により、限られた地域で限られた量が生産されていた。旧慣期も基本的にはこれが存続していたが、日本国内の砂糖不足を背景に形骸化し、1888年に作付制限が解除されると主要産業としての地位を確立していった。ただし、これは近代沖縄経済の黒糖依存への第一歩となった。

このように初期県政期には、華族県令による教育・勧業政策によってその後の沖縄統治に端緒が開かれたが、なかには政府が懸念した旧慣の改良（地方役人の削減など）も含まれており、両県令は旧慣温存の政府方針に基づく統治を確立できぬまま、短期間で沖縄を去ることとなった。

旧慣温存体制の確立

華族県令の挫折を経て、3代県令岩村通俊と4代県令西村捨三(にしむらすてぞう)の時期に再度沖縄の旧慣温存による統治体制の立て直しが図られる。

岩村については、これまでの研究において上杉の旧慣改革路線を頓挫させ、沖縄の近代化を遅らせた「元凶」として長らく評価されてきた。ただ、岩村に期待された役割は、あくまで華族県令による県政を是正し、旧慣温存の徹底を図ることであった。それは松田道之が描いた統治方針の徹底といっても過言ではない。岩村は短期間で一旦すべてを旧慣へ引き戻し、沖縄統治は仕切り直しとなった。

そして、岩村の後を受けた西村は、旧慣温存路線（政府方針）を踏襲しつつも、統治の安定に必要と判断した分野（教育など）については旧慣改良（他府県との同化）を進め、旧慣統治を確立した。また、置県処分後からこの時期まで、沖縄統治の現場から完全に排除されていた尚家にも目が向けられる。西村自身が、県の役人がどれだけ言葉を尽くそうと、「尚家の一言」には遠く及ばないと述べるように、尚家と県当局との友好関係を演出し、尚家による統治権威の再創出を試みた。置県処分後初となる尚泰の帰郷を実現し、尚家財産の優遇や尚順を有力な協力者として取り込んでいくような画策もみられた。

尚泰の帰郷後、西村は尚家が県へ協力的になったと政府に伝えている。また、その後の旧慣改革期に県知事となった奈良原繁の時代には、旧王府指導層（主に尚順など琉球新報創刊グループ）が積極的に県当局へ協力する様子が見受けられる。

その一方で、1896～97年にかけて尚順ら旧王族と旧王府士族を中心に尚家当主を世襲の知事職に据え、沖縄への強い自治権と議会設置を求める「公同会運動」も起きている。ややもすると置県処分後、琉球沖縄史の表舞台から排除されたかのようにみえる尚家であるが、実際は近代の沖縄社会に対してそれなりに大きな影響力を持っていた。また、その動向には県庁への協力と抵抗が入り混じる面従腹背のしたたかな側面が見え隠れするのである。

旧慣温存下の地域・住民生活

ここまでは、旧慣温存と沖縄統治をめぐる政治的な動きを中心にみてきたが、他方この時期の住民生活はどうだったのだろうか。新たな教育の普及や県外からの寄留商人(きりゅうしょうにん)がもたらす大和系の生活用品の流入など生活の変化はみられるが、基本的には近世期から引き続き間切とムラを中心とした生活であった。また、旧慣温存そのものが士族層を優遇し統治の協力者として取り込むことが目的であったため、地方からの収奪体系は自ずと温存された。

置県処分による王府の解体は、地方役人を取り締まる中央からのチェック機能を消滅させ、これによって現地で租税を徴収する地方役人の不正と租税滞納が問題化する。これに対して、「粟国島騒動(あぐにじまそうどう)」(1881年)や「宮古島の村騒動」(1882年)をはじめ各地で地方役人の不正を糾弾する訴えがたびたび発生した。

また、宮古・八重山では「人頭税(にんとうぜい)」が温存された。人頭税とは、年齢や村のランク(上・中・下)に応じて、主に16歳から50歳の個人に割り当てられた税である。宮古・八重山の特産品である織物が約6割、残りの4割が穀物で納められた。人頭税下の宮古・八重山の状況については上杉茂憲の「宮古・八重山巡回」(1882年)や笹森儀助(ささもりぎすけ)『南島探験』などの視察記録やルポルタージュにも記録されている。

図38 宮古島平良の「ぶばかり石(人頭税石)」
実際は無関係であるが、人頭税に関する伝承が残っている。

ただ、前述した1888年の甘蔗作付制限撤廃以降、この状況に変化が生じ始める。サトウキビ栽培の解禁は、宮古・八重山社会にとって新たな商品作物の流入を意味し、サトウキビ栽培の拡大に伴い、その障害となる人頭税廃止の機運を惹起した。宮古島では、中村十作、城間正安らを中心に「人頭税廃止運動」が起き、村役人の減員、人頭税の廃止、現物納から金納への変更と日本への同化を目標に運動が展開された。この運動は、近代資本主義の導入と日本への同化を媒介にした農民層の解放ともいえる。

旧慣改良と奈良原繁県政

近代日本が初めて経験した本格的な対外戦争、それが日清戦争（1894〜95年）である。この戦争の結果によって日清両国間で棚上げ状態となっていた琉球列島の日本所属が事実上確定した。

沖縄県内部においては、清国の力を借りて琉球復国を目指す頑固党と、日本化を受け入れて近代化を目指す開化党に分かれて対立が続いていた。物々しい空気のなかで日清戦争は終結し、頑固党の人々の望みは絶たれ、沖縄の行く末は日本との同化（近代化）へと方向づけられた。

1890〜1900年代の沖縄では、それまでの旧慣による統治が改良され、日本への同化が進んだ。旧慣改良の任務を負って沖縄へ派遣されたのが、奈良原繁知事（任期：1892〜1908年）である。奈良原は置県処分以前にも鹿児島県役人として当時の琉球へ派遣されており、その時も王府に対して琉球の近代化を求めていた。

奈良原が行った最も有名な改革に「土地整理事業」がある。沖縄の地租改正といえばわかりやすいが、近世期から続く伝統的な土地の共有制（地割制度）を改良し、土地の私有制を確立した。それまで、多くの村では土地は共有であったが、土地整理事業によって個人による私有が認められ、これに応じた税制が適用された。沖縄の人々は、自分の土地を自由に売買する権利を得たことで土地から解放されたのである。

また、土地の私有化は県外への出稼ぎや海外への移民を助長することになり、1899年には當山久三の勧誘斡旋によってハワイに向けて初の移民団が出発している。この他にも奈良原県政期には、「沖縄県教育会」の設置による県内の教育振興や、経済振興策として杣山の開墾が進められた。ただ、杣山の開墾にあたっては、県内の有力者だけでなく、沖縄外部からの資本の導入による経済発展が目指されたため、奈良原と同郷の鹿児島出身者が県の要職や経済を掌握する状況を後押しした。

この杣山の開墾問題をめぐって奈良原は謝花昇と激しく対立し、謝花らの民権運動を徹底的に妨害した。奈良原と謝花の関係は「大和」と「沖縄」という図式に投影したイメージで従来理解されてきたが、この対立は単純なものではなかった。

旧慣温存の時代が終わりを告げ、同化への改革が進むこの時代の沖縄を理解する上で、沖縄社会内部の対立構造や利害関係を含めて、複雑化する状況を丁寧に読み解く必要があるだろう。

【参考文献】

安良城盛昭『新・沖縄史論』(沖縄タイムス社、1980年)
大里知子「沖縄近代史—「旧慣温存」「初期県政」研究についての一考察—」(『沖縄文化研究』29、2003年)
我部政男『日本近代史のなかの沖縄』(不二出版、2021年)
近藤健一郎『近代沖縄における教育と国民統合』(北海道大学出版会、2006年)
財団法人沖縄県文化振興会史料編集室編『沖縄県史　各論編5　近代』(沖縄県教育委員会、2011年)
平良勝保『近代日本最初の「植民地」沖縄と旧慣調査　1872-1908』(藤原書店、2011年)
西里喜行『沖縄近代史研究—旧慣温存期の諸問題—』(沖縄時事出版、1981年)
前田勇樹『沖縄初期県政の政治と社会』(榕樹書林、2021年)
森宣雄「沖縄初期県政の挫折と旧慣温存路線の確立—旧慣温存論争の政治史面からの再検討—」(『待兼山論叢』日本学篇32、1998年

Column 8

近代沖縄における自己認識

「深く掘れ己の胸中の泉　余所たよて水や汲まぬごとに」。これは沖縄学の父と呼ばれる伊波普猷が、哲学者ニーチェの言葉をもとに作った琉歌である。自身の立つ場所を深く理解すると、そこには泉のように豊かな世界が広がっているという意味だ。

この琉歌の通り、伊波をはじめ、近代を生きた沖縄人は、琉球処分（廃琉置県）から始まる「世替わり」のなかで、郷土沖縄のあり方を問い、自己認識を深める豊かな思想的営為を積み重ねた。その根底には、日本へ組み込まれた沖縄の近代化が、日本化と不可分で進められたことによって生じた軋轢や差別に対する葛藤があった。例えば1903年（明治36）、大阪で開かれた第５回内国勧業博覧会において「内地に近き異人種」として沖縄女性２名が「陳列」された「人類館事件」のような沖縄に対する差別もあった。近代化・日本化と差別のはざまで揺れ動いた沖縄の人々のなかに、沖縄のアイデンティティーを模索する動きが生まれ、伊波普猷の「日琉同祖論」をはじめ、東恩納寛惇、真境名安興などにより、郷土・沖縄の歴史や文化を深く掘り下げる「沖縄学」と呼ばれる研究が興った。また大正後期以降、柳田国男の「南島研究」に影響を受けた東京の比嘉春潮、仲原善忠、金城朝永、沖縄の島袋全発、末吉麦門冬、台湾の川平朝申らによって郷土研究はますます盛んになった。

もちろん、このような思想的営みは「男性知識人」の専売特許ではなかった。近代化・日本化と差別、そして旧来の沖縄社会が内包していたジェンダー・バイアスに抗った女性たちも出現した。例えば「滅びゆく琉球女の手記―地球の隅つこに押しやられた民族の嘆きをきいて頂きたい―」（『婦人公論』1932年６月号）にて、経済的に疲弊した琉球の現状を、女性の視点で表現する試みを行った久志芙沙子が挙げられる。同作に対し、在京沖縄学生会の一部が「故郷のことを洗ひざらひ書き立てれられては甚だ迷惑の至り」と抗議、タイトル

図39 南島談話会のメンバー
前列右より柳田国男、金田一京助、伊波普猷、冨名腰義珍、比嘉春潮、岡村千秋、後列魚住惇吉、南風原驍、金城金保、仲宗根源和、金城朝永、島袋源七。（那覇市歴史博物館蔵）

の「民族」という言葉に過敏に反応し、「アイヌや朝鮮人」と沖縄を同一視するのは「縣辱問題」として中央公論社に謝罪文を要求、連載は中止となった。この一連の動きに対して久志は、「今の時代」に「アイヌ」「朝鮮人」「大和民族」だのと「優越を感じようとする御意見」に「私は同感することが出来ません」と反論、さらに沖縄の風俗習慣を「なるたけカムフラージする事に努め」ている県人に対し「異つた風俗習慣、必ずしも一概に卑しむべきでなく、又排斥すべきものではない」「妾のような無教養な女が、一人前の口を利いたりして、さぞかし心外でございませうけれど上に立つ方達の御都合次第で、我々迄うまく丸め込まれて引張り廻されたんでは浮ばれません」と一刀両断した。

以上、本コラムでは近代沖縄人の自己認識の一端を紹介した。近代沖縄思想史の先行研究は数多くあるのでそれらも参照してほしい。しかしそれでもなお未だに拾い上げられていない近代沖縄人の想いも存在している。新たな史料を発掘し、その想いを受け止め、次世代へ繋いでいく研究は、常に開かれている。

【参考文献】

鹿野政直『沖縄の淵―伊波普猷とその時代―』（岩波書店、1993年）
屋嘉比収『〈近代沖縄〉の知識人―島袋全発の軌跡―』（吉川弘文館、2010年）
久志芙沙子「『滅びゆく琉球女の手記』についての釋明文」（『婦人公論』1932年7月号）
勝方＝稲福恵子「『読む女・書く女』の出現」（沖縄県教育庁文化財課史料編集班『沖縄県史　各論編8　女性史』沖縄県教育委員会、2016年）

地域・学校・軍隊

近代における軍隊と学校

近世日本では、幕藩体制下の「異国」とよばれた琉球王国は、「琉球処分」を経て沖縄県となり、近代日本における国家の一地域としての統合が進んでいった。この統合によって日本国民となった沖縄の人々は、その行動規範を、天皇に従う臣民として、または日本を支える国民として生きるようになった。こうした行動規範を学ぶ場所になったのが、学校や軍隊であった。学校や軍隊という近代の装置は、人々に国家への服従と人生の可能性を与える場所であった。「立身出世」を目指し、学校や軍隊で学んだ知識や経験（学歴、軍歴）を活用した人もいれば、学校や軍隊にメリットを感じない人はそこへの拒否を示した。

本章では、沖縄での軍事施設の整備、学校の整備、徴兵制運用の動きについて確認していく。

沖縄の戦略的言及と軍事施設の未整備

軍隊と近代日本を考えた場合、地域の軍隊を「郷土部隊」と呼んだように郷土意識と天皇への忠誠心を結び付けるかたちで整備されてきた。

日本の軍隊配置は、1871年に6鎮台から、1888年に師団制に移行するが、その間、沖縄も含めた島嶼部への配置を目的とした警備隊条例が制定された（1886年勅令75号）。もっとも沖縄県に警備隊が置かれたのは

1898年であり、しかも、司令部が置かれただけで、兵卒の配置はなかった。このように、沖縄の場合は沖縄の人を受け入れる部隊が設置されず、沖縄戦が起きるまでは軍隊不在の土地であった。

沖縄の軍隊配置は進まなかったが、戦略的重要性はしばしば指摘されていた。警備隊条例が制定される直前に、沖縄・五島・対馬を巡回した山県有朋（やまがたありとも）内務大臣は巡回復命書で、「沖縄ハ我南門対馬ハ我西門」と、沖縄・対馬を「最要衝」の土地と位置付け、防備の充実を述べていた。もっとも防備の充実だけでなく、「十分ノ保護ヲ加ヘ財源ヲ培養スル」ことも必要と述べていた。

日清戦争（1894年8月）直前に沖縄を探検し、1895年5月に『南嶋探験』を著した笹森儀助（ささもりぎすけ）も、人頭税（にんとうぜい）下で苦しむ先島の島民に同情しながらも殖産（しょくさん）と防衛の両立を求める意見を述べていた。このように、国権派の山県も国民主義の笹森も同じような論理で沖縄の産業振興と防備の充実を求めていた。

ニ宮古八重山両島ノ如キハ粟布煤炭等ヲ産出
ス五島對馬モ又多ク港灣ヲ有シ殊ニ對馬ハ朝
鮮ニ密邇スルノ要地タリ然レハ此諸島ノ如キ
ハ十分ノ保護ヲ加ヘ財源ヲ培養スルノミナラ
外ニ對[illegible]スルハ必然ノ勢ナリ然レハ沖縄ハ我
南門對馬ハ我西門ニシテ最要衝ノ地ナレハ此
ノ諸島要港ノ保護警備豈拋弃シテ之ヲ不問ニ
付スヘケンヤ

図40 山県有朋の「巡回復命書」
（1886年、国立公文書館所蔵）
「沖縄ハ我南門」の語句あり

船浮（ふなうき）湾や中城（なかぐすく）湾は、「国防」の観点から重要性の指摘はあったが軍港や要港に指定され整備されることはなく、燃料・水を補給する需品支庫が設置されるくらいであった。ちなみに、日本の国境島嶼の防衛をみていくと、小笠原群島の父島、奄美大島の古仁屋（こにや）に要塞（ようさい）整備が計画されるが、1920年代のワシントン体制による太平洋地域の軍縮政策のもと、要塞整備は凍結した。ただし、日米関係の悪化により要塞整備は再開された。

教育制度の整備と進展

近代日本の教育は「学問ハ身ヲ立ルノ財本」とし、立身出世と「立国」の両立を目指していた。

上杉茂憲（うえすぎもちのり）県令時代になると、急進的な学校の整備政策が進んだ。ところが、急進的な開化政策は社会的軋轢を生じさせていたようで、1882年に沖縄を視察した尾崎三良（おざきさぶろう）は、学校建設が農民の負担になっていることや画一的原則主義が弊害になっていると述べていた（「視察復命書」）。

とはいえ学校の整備と就学率を挙げる政策は旧慣温存下の政策でも進められた。初等教育の就学率も漸次増えていき、1906年には数字上は

表　主な中等教育学校設置年

学校名	設立年	備考
師範学校男子部	1880	1880年の会話伝習所を前身とし、1886年に沖縄県尋常師範学校に改称し、1943年に沖縄師範学校男子部となる。1896年の女子講習科が、1943年に師範学校女子部になっている。
第一中学校	1880	のちの首里高等学校、王国時代の国学を受け継ぎ、1880年に設置された「首里中学校」を前身とする。1911年に県立第一中学校となる。
第二中学校	1910	のちの那覇高等学校、1910年に沖縄県立中学校の分校として開校、1911年に県立第二中学校となる。
第三中学校	1928	のちの名護高等学校。
第一高等女学校	1900	1900年設立の沖縄県教育会による私立高等女学校を前身とし、1903年に沖縄県立第一高等女学校となる。
第二高等女学校	1905	1905年設立の女子講習会を前身とし、1928年に県立第二高等女学校となる。
第三高等女学校	1921	1921年開校の「実科女学校（実業補習校）を前身とし、1930年に県立第三高等女学校となる。
宮古中学校	1928	のちの宮古高等学校、1928年に沖縄県立第二中学校宮古分校として設置され、翌年に宮古中学校となる。
八重山中学校	1942	のちの八重山高等学校。
農林学校	1902	のちの北部農林高等学校。1902年の国頭郡各間切島組合立農学校を前身とし、1911年に沖縄県立国頭農学校となる。
水産学校	1904	のちの沖縄水産高等学校。1904年の糸満村立水産補習学校を前身とし、1910年に沖縄県立水産学校となる。
工業学校	1902	のちの沖縄工業高等学校。1902年の首里区立徒弟学校を前身とし、1921年に沖縄県立工業学校となる。

注１　名称は1945年時点のものを表記した。　注２　学校名の沖縄県立は省略した。

9割になっている。次に、戦前の中等教育（現在の高等学校などに該当する教育課程）の整備をみていくと表のようになる。もちろん、こうした中等教育への進学は限られた人数のものであったが、地域における向学心のある若者を受けいれる学校は順次整備されていった。

女子教育について確認すると、女性に教育の機会を広げたことは近代の成果の一つである。ただし、女性教育に対する理解度は十分に進んでいなかった。そのため、太田朝敷（おおたちょうふ）や伊波普猷（いはふゆう）のような知識人は沖縄の文明化のためにも女子教育の促進を求める意見を発表した。そして、沖縄県でも女子中等教育機関の拡充も進んだ（132頁の表参照）。もっとも、女子教育は「良妻賢母」主義が主流であり、その枠を超えることは難しく、女性が教育を通して自由に自身の能力を伸ばすには、まだ時間がかかった。とはいえ、沖縄でも限定的ながら「モダンガール」と呼ばれる女性が出現したが、戦時期になると、教育機関は「軍国少女」の学び舎になり、ひめゆり学徒隊のように沖縄戦に組み込まれることになった。

学校は立身出世のための知識・技能を獲得する場所でもあったが、それだけでなく愛国心を育てる場所でもあった。学校と軍隊の共通点をあげれば、「愛国心」が真っ先にでてくるかもしれないが、両者は規律を学ぶところでもあった。規律面でみると、1920年代に沖縄連隊区司令部が作成した「沖縄県の歴史的関係及人情風俗」には、「不規律不整頓　軍隊生活には最も不適当なる悪習慣を有せり」と、県民への規律教化の徹底を求めていた。「標準語」

図41 教練の様子（那覇市歴史博物館提供）

や天皇への忠誠（皇民化）の徹底についてはよくいわれているが、整理整頓・規律面の徹底も盛んにいわれていた。

もっとも「規律化」の問題は沖縄だけの話ではない。1925年から中学校以上で行われた現役将校を配置した学校教練でも、規律を守る自主性と命令服従の精神を身に着けることをめざしていた。学校教練は、中学校や高等学校などだけでなく、青年訓練所（1926年から設置、中等学校に進学できない者を対象にした補習教育機関）でも行われていた。

第一次世界大戦後は「平和と軍縮」の時代でもあったが、もう一方で世界大戦は、国力を最大限に動員する総力戦になったので、未来の戦争である総力戦に向けた準備も進められた。よって、軍縮で余剰になった将校が担当した教練は、軍縮と総力戦の連結点であった。

沖縄戦までの沖縄県民の戦争経験

旧慣温存下、猶予された制度の一つに徴兵令がある。もっとも、沖縄に徴兵令が施行される前の日清戦争では、屋部憲通のように志願兵として出征した者もいた。日清戦争後の旧慣改革によって、1898年に沖縄県にも徴兵令が実施されることになった。

日清戦争に続く日露戦争では、沖縄出身の兵士も出征した。もっとも日露戦争では戦闘参加だけでなく、バルチック艦隊発見の報告をサバニで宮古島から電信施設のある石垣島まで運んだ「久松五勇士」の美談も誕生した。また、戦死者を慰霊・顕彰する忠魂碑の建立もみられた。沖縄の人が徴兵制により本格的に出兵した日露戦争の戦死者は200余人といわれている。

このように軍事面での「ヤマト化」も進んだようにみえたが、徴兵拒否者も持続的に存在し、1910年5月には徴兵忌避の疑いがある青年への対応に怒った村民が（徴兵）検査場に乱入する本部事件が起きた。

徴兵忌避への対応と兵役義務感の普及

本部事件直後の沖縄警備隊司令部作成の資料には「本県ニ於ケル軍事思想ノ幼稚ナルト国家思想ノ薄弱ナルトハ遂ニ徴兵ヲ忌避シ」と、徴兵忌避は個人の問題ではなく、沖縄社会の問題として捉えられていた。また、先に紹介した「沖縄県の歴史的関係及人情風俗」では、国体観念の徹底だけでなく軍隊教育の徹底も求められていた。それだけでなく、1940年の「軍部関係思想要注意者策動ニ関スル報告」では、海外移民に対して「合法的兵役忌避ノ悪質ニ基ク渡航トモ思料セラルル」と、移民を徴兵忌避とする警戒感を述べていた。このように資料を配すると、沖縄は「忠良な兵士」の生まれない場所とする不信感が持続していたといえる。

もっとも、徴兵忌避の記録は、平和国家建設を目指す戦後においては抵抗の歴史として肯定的に評価される事例である。だが、兵役は大日本帝国憲法で「日本臣民ハ…兵役ノ義務ヲ有ス」（第20条）としていたので、徴兵忌避は今日とは違う意味をもっていた。例えば、『首里市市制施行十周年記念誌』（1931年）では、兵役義務の重大さを知り忌避者が減ることは喜ばしいと述べており、兵役に応じることを肯定的に評価している。こうした時代背景の違いを踏まえ、兵役に積極的に応じるため、どのような働きかけがあったのか考える必要がある。

沖縄の近代は、遅れて日本に組み込まれた結果、「異種」としての蔑視観や「怠惰」という差別的な評価が向けられていた。こうした状況を脱し沖縄県の地位を挙げたい要求と、1930年代からの総力戦の時代風潮とが結びつくことで、沖縄では圧縮的・即応的に軍事化が進んだ。

敗戦を「日本人」として振り返る

近代沖縄の教育と軍隊を考える本章を結ぶにあたって、日露戦争直前に沖縄で生まれた3人の人物による敗戦後の発言などを紹介したい。

県立第一中学校から陸軍地方幼年学校、士官学校を経て、職業軍人になった親泊朝省(おやどまりちょうせい)（1903～45）は、その遺書のなかで「現代の我々は、我が国体の最隆盛時の中にあまりにも幸福に育まれ過ぎてゐたため、過去の忍苦の歴史を顧る暇がなかった」と、自身の経歴を「処分」された琉球の歴史ではなく日本の近代に一体化した形で振り返り、敗戦の責任を取る形で自決の道を選んだ。

親泊と同年生まれで、県立第一中学校に入学するも退学し、そのあと詩人として活躍する山之口貘(やまのくちばく)（1903～63）は「自分の行先は自分ながら見当もつかず、差別された場に追い詰められているのが、沖縄の姿なのである。…沖縄が本来の日本の姿に返りたいことは、当然」と、混乱した現状の沖縄を憂い、日本への復帰を「当然」とした。

敗戦時は台湾の台北師範学校に勤務していた屋良朝苗(やらちょうびょう)（1902～97）は、回顧録のなかで「私にできる教育を通して復帰の備えをしておかなければならない」と決意し帰郷している。そして屋良は復帰運動の先頭に立ち、最初の民選主席となり、復帰後最初の沖縄県知事になった。

沖縄の近代史は、「日本の中の沖縄」を考えることでもある。教育と軍隊の経験は、沖縄に生きた人にさまざまな影響を与えた。個人差はあるが、沖縄戦の帰結を経ても、「日本との一体感」は保持され、日本復帰へ向かう一因にもなった。

【参考文献】

荒川章二「内地と外地の間で―戦前沖縄の軍事的特色―」（杉原達編『戦後日本の〈帝国〉経験』（青弓社、2018年）

『ひめゆり平和祈念資料館　資料集4　沖縄戦の全学徒隊』（ひめゆり平和祈念資料館、第2版、2011年）

近藤健一郎『近代沖縄における教育と国民統合』（北海道大学出版会、2006年）

5

群島からみた沖縄移民

近代において沖縄からの移民・出稼ぎは、日本や沖縄をとりまく国際関係や、沖縄の統治政策を背景として生まれた社会現象であった。ゆえに、沖縄からの移民・出稼ぎの送出と受入、２つの地域の関係性から、国際社会や沖縄の政治社会のありようの一端などが浮き彫りになる。

沖縄で移民事業を積極的に展開した

図42　當山久三の銅像と2022年10月29日開催の第７回世界のシマヌチュ大会（沖縄県金武町）

のは當山久三（1868～1910）であった。當山は1899年に東京で謝花昇と沖縄倶楽部を結成し、沖縄で民権運動を展開したが、県知事奈良原繁の妨害で民権運動は衰退した。他方、人口過剰や経済的困窮といった沖縄の社会問題解決のために、當山は移民事業を展開した。沖縄の人々が初めて移民として海外に渡航したのは1899年であった。同年12月5日に那覇港を出発し、横浜を経由して、翌年1月8日にハワイのホノルルに到着した。上陸した沖縄出身者は26名であった。以後、沖縄の人々のなかには世界各地に移動して、現地で生活する人々もいる。

1990年に第1回世界のウチナーンチュ大会が開催された。その目的は、世界各地にいる沖縄の人々の功績を讃えつつ、自らのルーツやアイデンティティを確認して次世代に継承することなどであった。そして沖縄移民の活動は「海外雄飛」と形容されることもある。以下、沖縄の人々が国内外に移動した背景と渡航先での生活形態などについて概観する。

移民・出稼ぎの背景としての
土地整理事業と徴兵忌避、女性の地位

日本政府は1872年に琉球王国を琉球藩に再編し、1879年に琉球藩を廃して沖縄県を設置した。統治政策の基調は「旧慣温存」であったが、日清戦争の勝利で制度改革路線に転換された。特に移民送出の背景となる改革は、1899年から1903年までに実施された土地整理事業であった。

王国時代の地割制では、耕作者が一定期間、土地を割り当てられて耕作したが、永続的な土地所有者ではなかった。1899年に日本政府が土地整理事業に着手し、王国時代の土地と租税の制度を改革した。つまり土地の私的所有権が与えられたことで、土地所有者は地価に基づく税金を負担し、土地を売買することもできるようになった。これにより、地主・富農・小作などの階層分化が進行した。経済的困窮者のなかには、

土地を売却して渡航資金を確保し、他地域に移動するものもいた。このように土地整理事業によって沖縄の社会経済構造が変容した。

その後、甘蔗(かんしょ)栽培と製糖業を中心としたモノカルチャー的な産業構造が確立・維持された。だが、第一次大戦後に黒糖相場が暴落した。黒糖100斤の価格は1920年に35円であったが、翌年には12円となり、1926年に10円以下に下落した。20年代の産業構造と黒糖相場の暴落は沖縄の社会経済に深刻な影響を及ぼした。農村地域では、主食の米や雑穀、芋の入手が困難となったため、ソテツの実や幹の澱粉を調理して食べ、飢えを凌(しの)いだ。旧士族層のなかには、見よう見まねでソテツを調理し、生乾きのままで食べて中毒死するものもいた。さらに、農村地域での困窮は首里や那覇に影響を及ぼし、金融機関は貸付金を回収できず、倒産する企業も増加した。この不況は、「瀕死の琉球」「ソテツ地獄」と形容された。沖縄での経済的困窮や閉塞感からの脱却と、他地域への好奇心などによって、日本本土や南洋群島などへの移動者が増大した。

また、日本政府は1873年に徴兵令を制定し、沖縄には日清戦争後の1898年に適用した。これにより、男性は兵役の義務を負ったが、全国的に兵役の義務を逃れようとする徴兵忌避(きひ)が多発した。例えば、徴兵検査前に意図的な身体損傷や逃亡失踪などがあった。特に、徴兵検査を受ける年齢に達した男性のなかには、出生地から他地域に移動するものもいた。沖縄で徴兵忌避による移動者はアジア・太平洋戦争期に顕著となった。1937年勃発の日中戦争の長期化に伴って、沖縄から出征する男性が増加した。沖縄においても長男は家や位牌を継承するという役割を担ったがゆえに、徴兵猶予願を提出したうえで、他地域に移動した。こうした渡航形態は沖縄の家制度によるものであったが、徴兵忌避で渡航したのは必ずしも長男に限定されたわけではなかった。

さらに、近代社会では生物学的な男性と女性との区別がそのまま社会的・文化的な区分に適用された。例えば、男性や女性としての「あるべき姿」という規範が提示された。また性別役割分業体制に基づく賃金格差により男性と女性の序列化が固定化された。男性が主に経済活動に従事することで、家計では男性の収入が主となり、その配偶者は家事労働に従事したり、あるいは稼業や家計を補助するための仕事に従事したりした。他方、未婚女性のなかには、家事労働をする女性や、教員、看護師、助産師、洋裁の仕事などに就く女性もいた。さらに、婚姻形態においても男性の許に女性が嫁ぐという慣例があり、跡継ぎを産まなければならないという社会的義務も女性に付与された。このように、男性と女性の序列化と、これに伴う社会的な役割と規範が固定化・強化された。

このことは、女性の渡航に大きな影響を及ぼした。女性が沖縄から移動する要因として、他地域在住の沖縄出身男性と結婚する場合や、現地で生活を安定させた夫や肉親の呼び寄せで渡航する場合、夫と渡航する場合などもあった。ここでは、婚姻による渡航についてみてみよう。

沖縄の女性のなかには、婚姻形態によって国内外に移動するものもいた。沖縄での婚姻形態として、同一村落内の男性と女性が結婚するという村落内婚が主流であった。というのも、地割制により、居住移転の自由が制限され、女性に割り当てられた税は婚姻後でも女性の出身村落が負担したため、出身村落の異なる男性と女性が結婚する場合には、慣例として男性に制裁や罰金が科せられたからである。他方、親族集団や特定の社会集団内部、近隣村落間で形成された通婚圏といった婚姻形態などもあった。こうした婚姻形態によって、沖縄出身女性は、好むと好まざるとにかかわらず、他地域に居住する男性のところに移動した。

渡航先での生活—ハワイ・日本本土・南洋群島を例に

沖縄からの移民・出稼ぎ者は、主にハワイ、フィリピン、ペルー、アルゼンチンなどの外国や、台湾・南洋群島・満洲などの植民地、日本本土に渡航した。次に、ハワイと日本本土、南洋群島での生活に着目する。

沖縄出身者が初めて渡航した場所はハワイであった。沖縄の人々は、甘蔗やコーヒーなどのプランテーション農場で働いた。その後、徐々に都市部に移動して雑貨店や軽工業などを経営するものもいた。しかし、米国本土などで日本人移民排斥運動が起こり、1908年に日米紳士協定が締結され、日本はハワイへの渡航者を家族からの呼び寄せに限定した。1924年には米国での排日移民法の施行で、ハワイ移民は減少した。

「ソテツ地獄」以後、沖縄の人々は主に日本本土や南洋群島に渡航した。阪神や京浜などの工業地帯において劣悪な労働条件で雇用された。また、日本本土の紡績工場で昼夜交代制の12時間労働に従事する女性もいた。そのため、健康を損ねて帰沖する人々もいたのである。日本本土において言語や習慣の相違から沖縄差別が生まれた。そこで、相互扶助のために沖縄県人会が組織され、独自のコミュニティが形成された。他方、沖縄出身者のなかには、自らの地位向上を求めて、苗字をかえるなど「日本人」になることを選択するものもいた。

他方、赤道以北のドイツ領南洋群島は、第一次世界大戦で日本海軍に占領され、戦後に日本の委任統治地域となった。1920年代から30年代前半にかけての産業開発は、南洋興発（なんようこうはつ）株式会社の製糖業が中心であった。同社長松江春次（まつえはるじ）は、沖縄出身者が幼少の頃から甘蔗栽培に従事していることなどを理由に、労働力を沖縄出身者に求めた。30年代半ばになると、日本は国際連盟を脱退し、ロンドン海軍軍縮条約などを破棄し、1935年に「南洋群島開発十箇年計画」、翌年に「国策の基準」を策定し、南進政策を遂行した。これに伴い、南洋群島における建設業従事者の確保などのPull（プル）要因と、沖縄での経済的事情や徴兵忌避などのPush（プッシュ）要因により、沖縄からの移住者が増加した。また、南洋群島内での転職者も増えたのである。

1940年代前半のアジア・太平洋戦争で日本軍が敗退すると、戦時中

図43　南洋群島沖縄県人戦歿者並開拓殉難者慰霊碑（那覇市識名）

に南洋群島から出生地に引き揚げるように命じられたものもいた。また、米軍が南洋群島に上陸して戦場になった地域では、住民などの「集団死」が発生した。他方、戦場を生き延びて収容所生活を送り、戦後に南洋群島から強制送還されて沖縄社会に復帰・定着するものや、あるいは戦後において米軍基地建設などによって土地を奪われた人々のなかには、沖縄から海外などに再移住するものもいた。このように、沖縄出身南洋移民の活動形態は、帝国日本・日本植民地主義の形成・展開・崩壊に対応していた。

南洋群島在住者の大半は沖縄出身者であった。沖縄から南洋群島への移動は、沖縄出身者が国内における日本本土（内地）―沖縄という支配―被支配という権力構造から脱却して、南洋群島における「内地人」―「沖縄人」―「チャモロ」・「カナカ」という民族的階層秩序のなかに位置づけられることを意味した。つまり、南洋群島在住の沖縄出身者は「内地人」の下に位置づけられつつも、図らずも「植民者」という位置に参入して、南洋群島の統治政策のなかで不可欠な役割を担わされた。

沖縄から国内外に移動した沖縄出身者の生活は、必ずしも安定したものではなかった。現地での差別や偏見に耐えながら過酷な労働で得た賃金のなかから沖縄の家族に送金した。この送金によって、沖縄の留守家族は、茅葺屋根の家から赤瓦屋根の家に立て替えることもあった。これを目の当たりにした地域住民は、好奇心などによって、すでに渡航していた地縁的・血縁的な関係者を頼って国内外に移動することもあった。このように、移民・出稼ぎ者は沖縄社会を支える存在でもあった。

以上のように、沖縄出身移民は、好むと好まざるとにかかわらず、日本や沖縄をとりまく国際社会や、日本の植民地統治政策と、それによって形成された政治社会のありようなどに翻弄されながらも、自らの生存のために主体的に生き抜こうとした人々であったといえる。こうした人々の体験記録は、沖縄県内の市町村史・字誌や各種記念誌に掲載されている。あわせて参照されたい。

【参考文献】

沖縄県教育委員会編『沖縄県史　第7巻　各論編　6移民』(沖縄県教育委員会、1974年)
財団法人沖縄県文化振興会史料編集室編『沖縄県史　各論編5　近代』(沖縄県教育委員会、2011年)
冨山一郎『増補 戦場の記憶』(日本経済評論社、2006年)
Kawashima Jun, "Population movements of migrant Okinawan women during the development of the Empire of Japan" *Women in Asia under the Japanese Empire*, Tatsuya Kageki and Jiajia Yang ed., Abingdon: Routledge, 2023

Column 9

沖縄移民と世界のウチナーンチュ

2022年は「世界のウチナーンチュ大会」が開催された。同大会は沖縄から海外へ移民した人々が沖縄に一同に会するイベントで、1990年の第1回大会以降おおよそ5年に一度開催されている。大会開催の目的は「沖縄県の貴重な人的財産である世界各地の県系人の功績を称えるとともに県民との交流を通してウチナーネットワークを拡大・発展させ、さらに母県である沖縄に集いそのルーツやアイデンティティを確認し次世代へ継承していく」ことであり、沖縄県と海外の繋がりを保持しようという意図が表わされている。年月と共に移民の歴史は遠いものとなっていることは否定できないが、特定の地域から海外へと渡航した人々及びその子孫が定期的に出身地（二世以降の世代にとっては「ルーツ」の地）に集まるというイベントは類を見ないものであり、移民を多数送り出してきた他府県と比較しても「世界のウチナーンチュ大会」は特筆すべきイベントである。

沖縄が「移民県」となった経緯については『沖縄県史』等にまとめられているが、後に「移民の父」と呼ばれる金武町出身の當山久三が常態化する貧困を解決しようと移民希望者を募りハワイへ送り出したのが沖縄移民の嚆矢である。他にも人口過多や地割制度の廃止、農村における労働力の余剰など土地をめぐる変化も要因であったし、大切な後継ぎを戦争で失わないための「徴兵忌避」もまた切実な理由であった（137頁参照）。

海外への渡航希望者が増え、アメリカ本土に急速に増加した日本人に対する警戒は新規移民の制限につながった。新たな行き先として目が向けられたのがペルー、ブラジル、アルゼンチンといった南米の国々であった。とりわけ第一回ブラジル移民を運んだ「笠戸丸」にコーヒー農園で働くため沖縄出身者が多く乗船していたこと、より良い労働条件を求めブラジルからアルゼンチンへ再移動した人たちがいたこと、定着後には親族・知人を呼び寄せたことは、南米に沖縄移民社会が広がる大きな流れを形成した。

言葉も分からず慣れない土地での暮らしを支えたのは同郷者である。県人会も作られたが沖縄移民にとって心強い存在となったのは市町村人会及び字単位の人のつながりで、呼び寄せが盛んに行われた地域では地縁・血縁が共同体の基盤となった。また、三線や踊りといった沖縄の文化芸能を楽しむ機会や移民たちの脆弱な経済基盤を支えるための模合など、相互扶助や親睦のために多様な集まりが生まれた。移民たちは金を稼いでいずれは故郷へ帰ることを念頭に置いていたが、第二次世界大戦と日本の敗戦によって帰国は容易ではなくなり、とりわけ地上戦が行われた沖縄は帰ることのできる状況になかった。したがって戦後は移民先への定着志向が高まるとともに、沖縄からは豊かな暮らしを求めて海外へ渡航するものが再び増加し、ボリビアへの集団移住も行われた。入植は過酷な開拓と病気のまん延、別の土地への移動を伴うものであったが、人々の労働によって築かれた入植地は後に「オキナワ・ウノ」（通称：コロニア・オキナワ）としてボリビアの行政区になっている。

現在世界に暮らす沖縄出身者及びその子弟の数は42万人ともいわれる。移民社会にみられる創作エイサー、まつり太鼓、三線クラブといった活動は移民子弟によるアイデンティティ表象の実践にとどまらず、沖縄にルーツを持たない若者にも人気の活動であり、盆踊りや屋台で賑わう日本式の祭は移民社会の

図44 名護市移民110周年の記念式典（2019年・アルゼンチン）

⦀図45⦀ 第7回世界のウチナーンチュ大会パレード（2022年・沖縄）

外にも開かれ大勢の人を魅了している。アルゼンチンでは「オキナワフェスティバル」や「ラプラタ盆踊り」が開催され、1万人以上を動員することからもその人気ぶりが窺えるだろう。

移民先国において日本や沖縄への関心が高い一方で、移民子弟であっても日本語や沖縄の言葉がわかる若者は極めて少ない（地域差はあるが総じて減少傾向にある）。しかし、自らの「ルーツ」の言葉や文化の習得に励む人々は常にあり、日本人会や県人会、あるいは日本語学校が提供するクラスで学びを続けている。日本や沖縄との関わりの度合いや知識は個人によって異なるが、両親や祖父母の生まれた沖縄のことを知りたい、沖縄を直接見てみたいと県費留学や市町村の研修制度を使って移民子弟が海外から沖縄へとやってくることは、移民の歴史が過去のものではなく現在と強く連続していることの現れであると言えよう。「世界のウチナーンチュ」は、100年以上に亘るこうした歴史の中にある。

【参考文献】

野入直美・藤浪海・眞壁由香編著『わったー世界のウチナーンチュ！―海外県系人の若者たちの軌跡―』（琉球新報社、2022年）
沖縄県文化振興会史料編集室編『沖縄県史 各論編 第五巻 近代』（沖縄県教育委員会、2011年）

近代沖縄における「風土病」の歴史

「風土病」の歴史学

過去の人々の健康や病気については、医療社会史（Social history of medicine）という分野で研究されている。近代では、コレラおよびペストの世界的流行、結核と産業構造、ハンセン病をめぐる強制隔離と人権などが代表的なテーマである。沖縄を舞台に医療社会史を考えるときに、島嶼（とうしょ）社会や亜熱帯気候といった自然環境に基づく条件がまずは前提条件となるだろう。

特定の地域の自然環境が要因となって長年ひとびとを苦しめ続ける病気を、かつての日本では「風土病」（あるいは地方病）と呼んでいた。その多くは、医学の進歩とともにさまざまな寄生虫感染症であることが解明され、戦後の高度成長期に、特効薬の普及、環境改変、公衆衛生および生活水準の向上などによって克服された。

ここでは、沖縄が経験した「風土病」のうち、マラリアとリンパ系フィラリアという2つの寄生虫感染症を事例に、その歴史を地域とのかかわりから概観したい。マラリアは、HIV/AIDSおよび結核と並ぶ三大感染症として知られ、SDGs（持続可能な開発目標）の目標３「すべての人に健康と福祉を」における重要な改善課題の１つである。また、リンパ系フィラリアはアフリカ諸国および中南米をはじめとする途上国において、顧みられない熱帯病（Neglected tropical diseases, NTDs）として、今なお保健医療面での課題とされている。その意味で「風土病」は、世界規模で考えた場合にはいまだ進行中の問題であるといえるだろう。

八重山諸島におけるマラリア流行とその克服

マラリアは、ハマダラ蚊という種類の蚊が媒介となり、マラリア原虫がヒトの体内に侵入することで感染する病気である。日本列島では三日熱マラリア、四日熱マラリア、熱帯熱マラリアの3種類が知られ、かつては、北は北海道から南は九州・沖縄まで、ほぼ全国でみられる病気だった。本州では滋賀県彦根市が1940年代末まで流行した地域として知られている。

1879年の沖縄県設置後、マラリアについてはじめて本格的な調査を行ったのが、探検家として知られる笹森儀助（1845〜1915）である。笹森は1893年に、本島、石垣、宮古、西表などをくまなく踏査し、報告書『南島探検』で、沖縄の経済発展においてマラリアの流行が大きな障壁となることを強調したのだった。

マラリア対策には、媒介蚊を殺虫剤で駆除したり蚊帳で防いだりする対蚊対策と、ヒトの血液検査を通して感染の有無を調べ、キニーネ（quinine）を服用する対原虫対策がある。前者は、自然環境を相手にするため多大な経費と根気のいるものだった。1895年、日本の植民地統治が開始された台湾では、マラリアの根本的克服のためには媒介蚊対策の徹底を理想としつつも、現実的には採血と感染者へのキニーネ投与を基本方針として一定の効果をおさめるようになった。

沖縄県は植民地台湾のマラリア対策を模倣し、対原虫対策を本格的に導入した。1918年、八重山でマラリア撲滅期成会が結成され、1921年に設置されたマラリア予防班（のち、マラリア防遏所）が、医師宮良長詳（1894〜1965）を班長に石垣島および西表島で検診とキニーネの服用を柱とする対策を実践した。その結果、八重山では突発的な大流行の防止

図46 八重山ゼロマラリア
（沖縄県石垣市、琉球新報社提供）
2022（令和4）年8月、八重山でのマラリアの撲滅から60周年を記念して建立された。

や蔓延地域の拡大抑制に効果がみられるようになった。

このような事態は、太平洋戦争末期の1945年4月に、波照間島をはじめとする非流行地から西表島の有病地へ住民の疎開が行われたことで一変することになった。移住には、英米軍上陸を前にした日本陸軍による強制命令があったとされる。突然の人口移動と集住、食糧事情の急変により、八重山全域で感染者1万6884名、死亡者3647名にのぼる被害が発生した（戦争マラリア事件）。

戦後、米軍が沖縄で採用したのは、殺虫剤DDTの使用による媒介蚊対策の徹底だった。特に、米作やパイン栽培の適地として県内各地から移住の対象となった石垣島が防疫上重要であった。対策の担い手の面では、八重山のマラリア防遏所での経験を持つ大濱信賢（おおはましんけん）（1904～72）、宮良長詳（みやらちょうしょう）、吉野高善（よしのこうぜん）（1898～1965）、黒島直規（1904～1988）らが琉球政府のマラリア防遏組織を再建しており、戦前との連続性が認められる。

1957年以後、米軍軍医C.M.ウィラー（1903～？）が世界保健機構（WHO）による殺虫剤DDTの噴霧方式を沖縄で組織的に実践し（ウィーラー・プラン）、1962年に沖縄におけるマラリア患者の発生はついにゼロとなった（図46）。

宮古島でのフィラリア流行と克服

マラリアと対比される「風土病」がリンパ系フィラリア（以下、フィラリア）である。原因となる糸状虫（しじょうちゅう）がアカイエ蚊をはじめとする蚊によって媒介される寄生虫症である。沖縄では、クサフルイ（急激な発熱の意）、ウフビサー（大脚の者の意、象皮病）、ウフクーガー（大きな卵の意、陰嚢水腫）などと呼ばれる典型的な「風土病」である。

沖縄がフィラリア流行地であるという事実を最初に指摘したのは、陸軍だった。本書の近代編の「4　地域・学校・軍隊」で指摘されているように、宮古・八重山を含む沖縄で徴兵検査が実施されるようになったのは、1898年以後のことである。招集され九州各地の連隊に所属する沖縄出身兵の体格や身体能力が、他地域出身者より劣ることが問題とされたのである。陸軍軍医部の調査では、1910年の沖縄出身兵の約3割がフィラリアに感染していると報告されている。ただし、本土を含め日本で本格的な対策が講じられたのは戦後のことである。自然環境を相手にした媒介蚊対策の実践が困難というマラリアと共通する事情があったと考えられる。

1950年代以後、特効薬ジエチルカルバマジン（DEC、商標名スパトニン）が日本でも普及するようになった。古くから日本の流行地として知られていた東京都八丈小島、愛媛県三崎半島、長崎県島嶼部、鹿児島県島嶼部の各地で、1950年代終わり頃から、疫学的調査、集団投薬、殺虫剤の残留噴霧による媒介蚊駆除が行われ、1960年代末には感染例がほぼみられなくなるなど、劇的な効果をおさめたのだった。

その後に焦点となったのは沖縄のフィラリアである。問題を指摘したのは、名古屋大学医学部を卒業後、琉球大学の校医となっていた吉田朝啓（1931〜）だった。1960年当時、宮古島出身の学生に陰嚢水腫が多発しており、フィラリアへの感染が疑われたのだった。

宮古島の実態解明に乗り出したのは、吉田がかつて研究員として所属していた長崎大学風土病研究所（現在の熱帯医学研究所）の大森南三郎教授（1905〜88）を団長とする調査団だった。現地調査の結果として、宮古島がフィラリアの蔓延地域であり、感染率は住民の25%を超えると

図47 フィラリア防圧記念碑
（沖縄県平良市）
1988年（昭和63）11月に開催された第20回沖縄県公衆衛生大会を機に建立されたもの。裏面にはフィラリアの制圧が地元住民の「あららがま精神」によってなしえたと記されている。

報道され、沖縄社会に衝撃を与えた。ただし、大森による露骨な指摘は、石垣島をはじめとする沖縄各地でのマラリア対策に成功しつつあった琉球列島米国民政府（USCAR）の反感を買う結果となったようである。1964年、宮古島でのフィラリア対策は、USCARで衛生動物学を専門としていたH. L. キーガン大佐（生没年不詳）と愛媛県三崎地の対策に従事した東京大学伝染病研究所の佐々学（さっさまなぶ）教授（1916～2006）によって計画・実践されることになった。

1965年、琉球政府、日本政府、USCARからの予算に基づき、平良市に「宮古フィラリア防圧本部」が設置され、「フィラリア病予防対策要綱」に基づく対策事業が本格的に開始されることになった。その根幹となったのが、住民の採血と陽性者へのスパトニン投与である。特に対策が開始された1965年からの3カ年は、毎年、島民6万7000名のほぼ全員に対して採血が実施された。このような大規模な検査と投薬が当時の宮古島で実践できたのは、地元から「風土病」をなくそうと立ち上がった地域住民の積極的な行動が不可欠だったとされる。

宮古島島内で行われたのは、非常勤として雇用された30名余の職員と地元部落会の役員によるポスターはり、チラシ配布、講演会および映写会の実施など啓発活動の徹底だった。彼らは採血の受付、名簿チェック、未受診者の呼び出しなどにも積極的に協力し、フィラリア陽性率は、1969年にはわずか1.4%にまで低下した。そして、沖縄県下では1978年を最後に感染者は確認されていない。地元住民の総力を挙げてのフィラリア制圧は「沖縄方式」と呼ばれている。

感染者ゼロを達成して10年が経過した1988年、宮古保健所に「フィラリア防圧記念碑」が建立された。フィラリアに悩まされ、立ち向かった多く人々の軌跡に思いを巡らすことができる（図47）。

「風土病」の克服と沖縄社会

以上、医療社会史での研究成果をもとに、マラリアとフィラリアを事例として、近代の沖縄における「風土病」の歴史について述べてきた。それは、ひとことでいえば、亜熱帯性気候および島嶼地域といった自然環境的条件と、アジアの十字路と呼ばれる社会経済的条件が生み出した負の側面であったといえるだろう。そして、マラリアでは八重山のマラリア予防班による長年の尽力と戦争マラリア事件を乗り越えての戦後への継承、フィラリアでは宮古での住民総力をあげた予防計画への参加協力にみられるように、「風土病」の克服成功の要因には、予算を投じた特効薬の投与や媒介蚊対策だけではなく、地域社会のたゆまぬ努力が大きく寄与していたのである。

【参考文献】

飯島渉『マラリアと帝国―植民地医学と東アジアの広域秩序―』（東京大学出版会、2005年）
石垣市総務部市史編集室『石垣市史』（資料編近代3・マラリア資料集成、石垣市役所、1989年）
大矢英代『沖縄「戦争マラリア」―強制疎開死3600人の真相に迫る―』（あけび書房、2020年）
南風原英育『マラリア撲滅への挑戦者たち』（南山舎、2012年）
吉田朝啓『フィラリア葬送曲―風土病撲滅に立ち上がった沖縄県民の戦いの歴史―』（沖縄県公衆衛生協会、1988年）
琉球大学医学部附属地域医療研究センター編『沖縄の歴史と医療史』（九州大学出版会、1998年）

国家総動員体制から沖縄戦へ

第一次世界大戦後の不況と世界恐慌のあおりを受けて、昭和初期の沖縄は極貧の状況にあった。そこから脱却するための政治と国家総動員体制に向かう社会は、ヤマト化や天皇制ファシズムの確立に沖縄を否応なく邁進させた。沖縄戦は、その先にあった。

不況からの脱却と戦時体制への組み入れ

「ソテツ地獄」と形容されるほどの生活苦に陥っていた沖縄県民は、1931年に満洲事変が勃発しても戦争どころではなかった。県は、政府による農山漁村経済更生運動（1932年、別名自力更生運動）と軌を一にして「沖縄県振興計画」を策定、1933年から実施する。これらの政策は、経済再建と並行して戦争遂行の国策を支える農村民の精神作興を図るというもう一つの側面を持っていた。

1932年、沖縄連隊区司令部の司令官に着任した石井虎雄（いしいとらお）は、沖縄県民の国防意識の乏しさに業を煮やし、着任早々「国防研究会」を設置した。1934年には「極秘 沖縄防備対策」を作成し、県民を、事大（じだい）思想にとらわれ依頼心が強く、惰弱で利己主義などと批判。石井みずから学校などで講演を行うほか兵器献納運動をすすめた。1934～35年にかけては「久松五勇士（ひさまつごゆうし）」の顕彰運動も盛んに行われた。

1936年までに沖縄県では、56市町村中34町村が経済更生指定村とされ、過剰農家戸数の割合は全国平均の31％を上回る43％に達していた。

ここへ国策となった満洲移民の波がやってくる。寒冷地農業に不慣れな県民が満洲へ渡ることは必然性が乏しいものといえたが、北谷村出身の国会議員伊礼肇(はじめ)が拓務省(たくむしょう)参与官に就き開拓民送出に熱心だったこともあり、1938年、沖縄県は満洲農業移民に参入し満蒙開拓青少年義勇軍の送出も開始する。九州5県と混成の小山子九州村(しょうざんしきゅうしゅう)開拓団への参加を皮切りに、終戦までに6つの開拓団が編成された。総戸数610、延べ在籍者数2603人が、真冬には零下30度まで下がる極寒の満洲へ送出されたのである。

女性たちも戦争協力に組み込まれる。1932年、大日本国防婦人会が陸海軍省のバックアップを受けて組織されると、翌年、大宜味村喜如嘉(きじょか)に県内初の国防婦人会が設立された。1942年の大日本婦人会結成によって沖縄県内でもすべての婦人会が統合され、「銃後の守り」を強化するための活動を展開していく。

特筆すべきは沖縄で独自に展開された「日の丸共同作業」である。戦時食糧の増産が至上課題であるなか、農村の労働力不足を補うため、女

図48 婦人会による日の丸共同作業(那覇市歴史博物館提供)

性や年寄り、子どもたちが動員された。「日の丸を畑の真ん中に押したてて敬礼、それから一斉に仕事にとりかかる」ことから、いつしか「日の丸共同作業」と呼ばれるようになった。作業の中心となったのは女性たちで、「日の丸をもった婦人会長を先頭に、後ろから会員が列をつくって目的の畑に行き、作業を終えると、来たときのように列を成して次の畑へと移動していった」、「出征した軍人のように敵地を侵略していくような気持ちであった」と振り返る。「銃後の戦士」と持ち上げられた女性たちは、戦時態勢を支え維持するための重要な担い手とされていった。

国民精神総動員運動（精動運動）と教育

満洲事変以後、教員への徹底した思想弾圧が行われ、学校教育は国家主義・軍国主義的傾向を強めていった。1937年7月の盧溝橋事件を契機に日中戦争が全面化すると、政府はより強力な戦争動員体制を確立するため「国民精神総動員実施要綱」を決定。沖縄県でも県知事を長とする国民精神総動員実行委員会が結成され、10月から「国民精神総動員強調週間」が実施された。沖縄県における精動運動の特徴は、明治以来のヤマト化・皇民化教育の延長線上で、県当局が率先して「標準語励行」と「風俗改良」に力を入れたことであった。

琉球処分以降、日本語教育は学校を中心にすすめられてきた。1920年代は移民や出稼ぎの増加に伴って、県外生活での差別や蔑視から脱却するために行われてきたが、この時期のそれは、国家意識の高揚を目的に、県が「標準語励行県民運動三か年計画」を策定し大がかりな標準語励行運動を展開する、まさに「方言の殲滅」だった。仲村渠や勢理客などの名字やナベ、ウシ、カマドなど沖縄独特の名前のヤマト風への改姓改名、琉装の全廃運動など、沖縄的なものを排除して「日本人の水準」に到達するための県民の努力義務も強力に推し進められた。また、ノロ

（神女）を神職に変えたり、ユタ（巫女・祈祷師）への弾圧も加えられた。戦地の家族の動向を占うユタの発言が情報を混乱させるとして、1938年にはユタ１人に賞金２円の懸賞を掛けて密告を奨励し、時には一挙に二百数十人が検挙されることもあったという。

1940年、那覇市奥武山の招魂社が内務省令により沖縄県護国神社となる。市町村には一村一社運動が奨励され、神社を造っていない町村に対しては住民の信仰の場として使用されてきたウタキを神社として祀るよう決定、皇国史観をより強固にするための措置が推進された。

1943年の秋、沖縄は「大舛精神浸透運動」に沸く。与那国島出身の陸軍中尉大舛松市（没後大尉に特進）はこの年１月、ガダルカナル島で壮絶な戦死を遂げた。10月、大舛の功績が天皇にまで達したことが沖縄地元紙に掲載されると、大舛は沖縄初の「軍神」として賞賛され、県民の戦意高揚に励む教育関係者によって最大限に利用されたのである。

スローガンは「大舛大尉に続け」。沖縄連隊区司令部の井口駿三司令官は「第二の大舛、第三の大舛がどしどし出てもらいたい」と語った。11月には奥武山公園で「大舛大尉偉勲顕彰県民大会」が開催され約1万人が参加、運動は最高潮に達した。同年12月の新聞には「僕らは“人生十六年”」との見出しの記事が載る。那覇市の国民学校3年生男児が「僕達は国民学校を卒業すると少年飛行兵となり空の戦ひに征つて敵をどしどしやつつけ、遅くとも十六歳までには戦死する」と語ったというのだ。

1944年、沖縄県は『決戦教育の運営』を刊行し、「皇国必勝の思想態勢の確立」のために「皇国史観の確立、大舛精神の昂揚」、「絶対服従の精神の涵養」を挙げた。さらに県教学課はこの年の教育界の目標に「死ねる教育」を掲げた。「大舛精神」は激越なスローガンとして、絶望的な戦局にありながら子どもたちに死を選択させる後押しをした。

軍官民の一体化へ

琉球処分以降、郷土部隊といわれる連隊が設置されなかった沖縄だが軍備が全くなかったわけではない。1896年には中城(なかぐすく)湾に投錨する艦船に水や石炭を補給する中城湾需品支庫が建設され、軍事利用が進められた。同様の施設は1902年に西表島船浮(ふなうき)、1904年に今帰仁(なきじん)村運天(うんてん)港にも建設された。帝国の「南門」として重要視されていたのである。

1941年10月、沖縄島中部の東海岸に中城湾臨時要塞部隊が、西表島に船浮臨時要塞部隊がそれぞれ配置についた。これら臨時要塞の建設が計画されたのは1922年のことだったが、同年締結されたワシントン条約の軍縮によって中止となり、1939年の第二次世界大戦勃発で軍事情勢が緊迫、沖縄の海運地防衛の必要性から建設・配備されたものだった。41年12月に太平洋戦争が開戦、緒戦こそ優勢を誇ったが半年後からは敗戦を重ね、1943年9月には絶対国防圏を策定、戦火が沖縄へ迫ってくる。

1943年夏、南西諸島一帯を“不沈空母”とすべく、伊江島、嘉手納(かでな)、読谷の3カ所で飛行場建設が始まった。翌1944年3月に創設された第32軍の当初任務も航空作戦を準備するための飛行場建設であり、県内では伊江島1、沖縄島7、宮古島3、石垣島4、南大東島1の計16ヵ所で工事が進められた。全島から多くの県民が建設現場に動員され、東洋一といわれた伊江島の飛行場には5月から8月にかけて延べ3万7840人がかり出された。

1944年7月、サイパン島が米軍に占領されると、大本営は米軍の沖縄上陸は避けられないと判断し、沖縄に4個師団、5個旅団の配備を始める。中国大陸や日本本土から派遣された部隊は、配備地域の学校や公民館、民家までも接収し、宿泊や倉庫などに利用した。さらに部隊の作戦方針に基づいて、海岸線や丘陵地帯にはトーチカや監視所、内陸部には砲台、陣地壕、交通壕、蛸壺壕、戦車壕、飛行場周辺には掩体壕(えんたいごう)などを構築した。これらの陣地構築には多数の住民が徴用され、青年学校生や男子中学生、女学生、国民学校の子どもたちまでもが勤労奉仕作業に動員された。部隊が駐屯した地域にはのべ144ヵ所の慰安所も開設された。

第32軍牛島満司令官は8月10日、今後の基本方針として「現地自活に徹すべし（中略）現地物資を活用し一木一草といえどもこれを戦力化すべし」と訓示、沖縄の人も物もすべて根こそぎ、戦争のために使うと打ち出した。沖縄全島が要塞と化し、軍民は暮らしの場で混在していった。

8月22日、沖縄からの多数の疎開者を乗せた対馬丸が米潜水艦によって撃沈され、1484人が死亡する（氏名判明者数）。すでに沖縄と本土間を結ぶ定期航路線が次々と撃沈され、海が戦場化していたことは軍も当

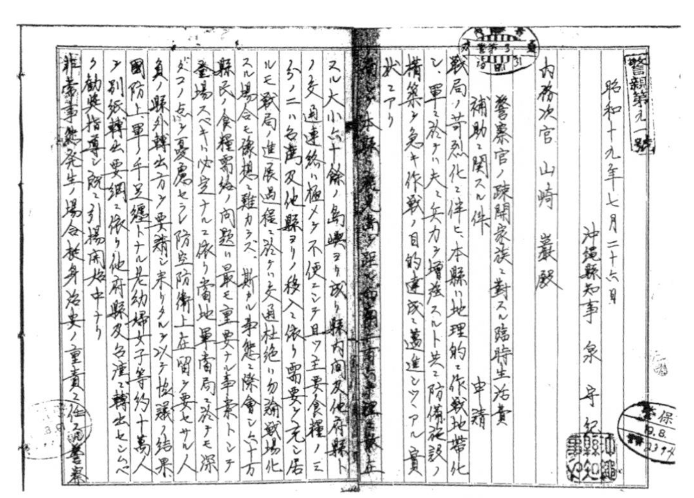
警親第九一號
昭和十九年七月二十六日
沖縄縣知事　泉　守紀
内務次官　山崎　巌殿
警察官ノ疎開家族ニ對スル臨時生活費
補助ニ関スル件　申請
戰局ノ苛烈化ニ伴ヒ本縣ハ地理的ニ作戰地帯化
シ、軍ニ於テハ夫ニ兵力ヲ増強スルト共ニ防備施設ノ
構築ヲ急キ作戰ノ目的達成ニ邁進シツヽアル實
状ニアリ
[illegible]
スル大小六十餘ノ島嶼ヨリ成リ縣内相互及他府縣ト
ノ交通連絡ハ極メテ不便ニシテ且ツ主要食糧ノ三
分ノ二ハ台湾及他縣ヨリノ移入ニ依リ需要ヲ充シ居
ルモ戰局ノ進展過程ニ於テハ交通杜絶ハ勿論戰場化
スル場合モ豫想ニ難カラズ、斯カル事態ニ際會シ六十万
縣民ノ食糧需給ノ問題ハ最モ重要ナル事案トシテ
登場スベキハ必定ナルニ依リ當地軍當局ニ於テモ深
ク之ノ点ヲ憂慮セラレ防空防衛上在留ヲ要セサル人
員ノ縣外轉出方ヲ要請シ来リタルヲ以テ協議ノ結果
國防上軍ノ手足纒トナル老幼婦女子等約十萬人
ヲ別紙轉出要綱ニ依リ他府縣及台湾ニ轉出セシムベ
ク勧奨指導シ既ニ引揚開始中ナリ
非常事態発生ノ場合挺身治安ノ重責ニ任ズル警察

図49「警察官の疎開家族に対する臨時生活費補助に関する件　申請」
（昭和19年7月26日付、国立公文書館所蔵）
県知事名で作成された県民の疎開に関する文章。軍当局が食糧問題を憂慮していることや「軍ノ手足纏トナル老幼婦女子等約十萬人」の県外移動を開始していることなどが記されている。

然知っていたが、民間人は戦闘の邪魔というサイパン戦の教訓や将兵の食糧確保のために、戦争に不要な人間を島外へ移動させることを優先した。10月末時点で宮崎、熊本、大分各県に集団疎開した学童は計6111人を数え、一般疎開者も本土に6万人、台湾に1万人ほどが送出された。約2年にわたって苦難と犠牲を伴う疎開生活を強いられることになった。

9月には、かねてから日本軍に警戒されていたハンセン病患者が県内2カ所の国立療養所(現在の沖縄愛楽園(あいらくえん)および宮古南静園(なんせいえん))へ収容された。武力を背景に捕らえられた患者たちは、病気を理由に収容されながら療養所内で強制労働に就かされ、病状を悪化させていった。

10月10日、米軍によって南西諸島全域が空襲され(十・十空襲)、民間人330人が死亡し那覇市は壊滅状態となった。人々は日本軍の抗戦の効果がほとんどないことに失望するが、第32軍は11月、「軍官民共生共死の一体化」を、翌1945年2月には「一機一艦船、一艇一船、一人十殺一戦車」の方針を示した。県民は、生きるも死ぬも日本軍と一緒=運命共同体であることを誓わされ、特攻精神を煽られることになる。同月、「戦場に不要な人間がいてはいかぬ」(長勇参謀長のインタビュー)と、老幼者のやんばる疎開が始まったが、十分な準備もないまま沖縄島北部へ追いやられた県民は、中南部の沖縄戦とは別の過酷な戦場体験をすることになる。

【参考文献】

財団法人沖縄県文化振興会史料編集室編『沖縄県史　各論編　第5巻　近代』(沖縄県教育委員会、2011年)
沖縄県教育庁文化財課史料編集班編『沖縄県史　各論編　第8巻　女性史』(沖縄県教育委員会、2016年)
沖縄県教育庁文化財課史料編集班編『沖縄県史　各論編　第6巻　沖縄戦』(沖縄県教育委員会、2017年)

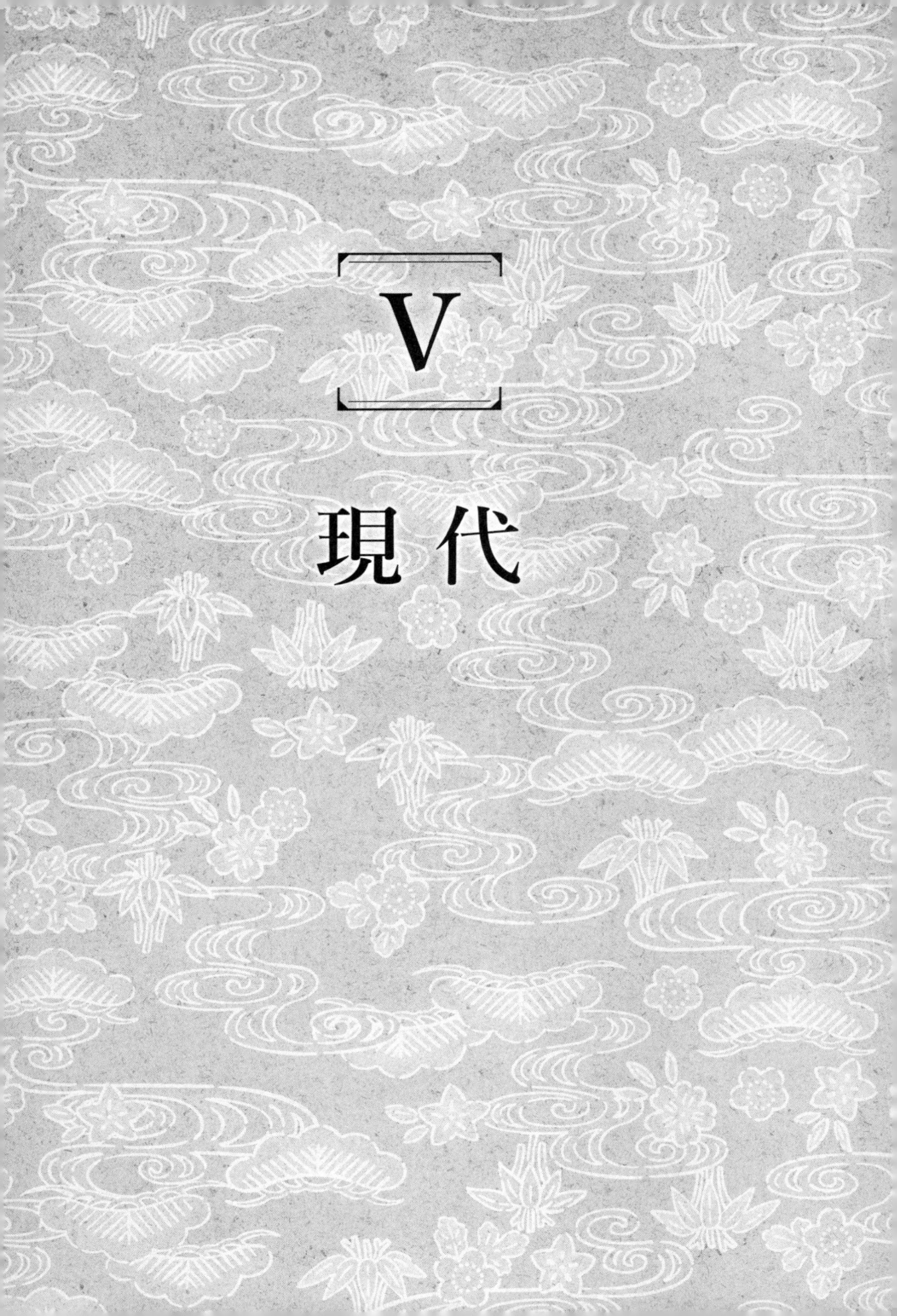

V

現代

沖縄戦

沖縄の軍事拠点化

1943年頃から、日本軍は沖縄を航空作戦の拠点とすべく各地で飛行場の建設を開始した。翌年3月には奄美諸島から沖縄本島、宮古・八重山諸島までの南西諸島を守備範囲とする第32軍が創設される。第32軍に加わる部隊が中国や満州、日本本土から送り込まれ、その兵力は10万人規模にまで膨れ上がった。しかし彼らのための専用施設は沖縄にはほとんど無いため、学校や民家が兵舎や倉庫として使われた。さらに住民には農作物の一部を軍に提供させ、また急ピッチで進められる飛行場や陣地の建設作業にも住民を動員した。こうして日本軍は沖縄の住民の手を頼りつつ、沖縄での作戦の準備を進めていく。

一方、沖縄の住民8万人を本土へ、2万人を台湾へ疎開させる計画も始まった。学校でも、九州への学童集団疎開への希望者が募られた。しかし実際のところ、見知らぬ土地での疎開生活への不安や、家事手伝いや子守りなどの人手が減ってしまうという過程の事情などもあって、疎開希望者を募るのは容易ではなかった。すでに湖南丸や嘉義丸のように米軍の潜水艦による撃沈も続き、1944年8月22日には対馬丸の撃沈も起きた。すでに本土と沖縄を結ぶ航路も危険なものとなっていた。

結局、多くの住民が沖縄に残り続けた。1944年10月10日から、米軍はフィリピン侵攻作戦に先立って南西諸島各地に大規模な空襲を行い、那覇の市街地も壊滅状態となった。この頃から住民の間では避難壕の確保が急がれるようになり、沖縄の戦場化はより濃厚なものとなっていく。

根こそぎ動員と住民の避難

米軍のフィリピン侵攻を受け、日本軍は12月に第32軍から第9師団を台湾に移動させたが、その穴埋めとなる部隊の派遣は実現しなかった。本土からの補給が期待できなくなった第32軍は、米軍が沖縄に上陸した場合でもこれを水際で阻止せず、あえて上陸を許した上で島内で徹底抗戦し、できるだけ戦闘を長引かせて敵の消耗を強いるという「戦略持久」の方針を決めた。

さらに不足する戦力を補うため、いわゆる「根こそぎ動員」も進めた。徴兵検査の年齢は1944年から20歳から19歳に引き下げられており、該当する男性は兵士として召集された。また、徴兵検査の年齢に達しない10代の若者や、30代、40代の男性も防衛召集によって軍に動員され、その数は2万人を超えた。さらに、県内の旧制中学校や高等女学校、実業学校でも「学徒隊」が編成されて軍に動員された。学徒隊は陣地構築や運搬、伝令、炊事、看護に充てられたが、北部では地元青年

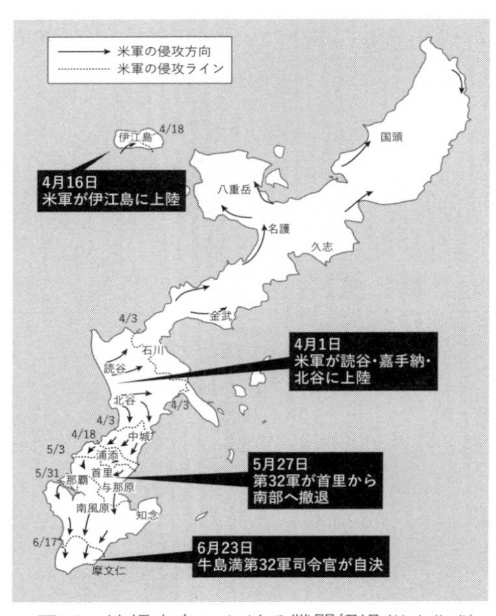

図50 沖縄本島における戦闘経過(筆者作成)

や県立第三中学校の生徒による「護郷隊」が編成され、山中でのゲリラ戦に向けて訓練が行われた。それ以外の若者も軍に加わる者が続いた。言い換えれば、訓練も経験も装備も全く不十分な者たちを「根こそぎ」動員しなければならなかったのが沖縄の日本軍の実態であった。

これにより、地元には女性・子ども・高齢者ばかりが残されることになる。1945年2月、着任したばかりの島田叡(あきら)知事は軍とともに、本島中南部の住民を北部に疎開させる計画を立てた。北部への疎開は役場や区を通して住民にも伝えられている。

しかし実際には、米軍が沖縄本島に上陸しても多くの住民が残った。読谷村では住民のうち39%（5429名）が北部に移ったのに対し、25%（3411名）が村に残っていた。糸満市（当時は糸満町ほか5村）は、県内にいたとされる1万9900名のうち北部へ移ったのは15.8%（3137名）で、69.6%（1万3849名）は村に残ったままであった。北部への移動はほとんどが徒歩か荷馬車で、子供連れや高齢者にはかなりの負担であった。疎開先での住まいや食料への不安もある。一方では生活の糧である畑や家畜も置いていかなければならない。そして何より、「根こそぎ動員」によって移動にせよ疎開先での生活にせよ、力のある男性や若者を頼ることができなくなったことも、住民の疎開を躊躇させる要因になった。

地上戦と住民

米軍は1944年10月に沖縄攻略を決定、「アイスバーグ作戦」として準備にとりかかった。沖縄を占領することで日本の動きを封じ込め、沖縄を拠点に日本への爆撃を強化し、さらには本土侵攻の足掛かりにしようと考えたのである。すでに米軍は航空偵察を繰り返して沖縄の詳細な地形や軍の動きを掴んでいた。沖縄に多くの住民が残っていることも想定し、住民を管理するための軍政チームも組織した。アイスバーグ作戦に投入される米軍の兵力は総勢54万人、上陸部隊だけでも18万人を超えた。

1945年3月23日、沖縄近海に集結した米軍は空襲、24日には艦砲射撃を開始した。26日には上陸作戦の足掛かりとすべく慶良間諸島への侵攻を開始する。慶良間諸島には日本軍の特攻艇部隊がいたが、米軍とは戦わずに山中に立てこもった。一方で住民は逃げ場を失い、手榴弾や刃物などで「自ら」命を絶った。「米軍の捕虜になれば男は戦車の下敷きにされ、女は暴行されて殺される」という噂が沖縄の住民の間で広まっており、米軍を目の前にしてパニック状態の中で死に追い詰められたのである。このような、いわゆる「集団自決」「集団死」による住民の犠牲は読谷村のチビチリガマや伊江島のアハシャガマなど県内各地で起きた。一方で、地元住民が避難した読谷村のシムクガマや宜野湾市のシマヌカーなどでは、英語が話せる移民帰りの住民が米兵と交渉し、無事に助かっている。

図51 沖縄の老人と米兵
（1945年4月1日米軍撮影、沖縄県公文書館所蔵）

4月1日、米軍は沖縄本島中南部、読谷から北谷にかけての西海岸から上陸を開始する。この一帯はなだらかな地形が広がり、大量の兵士と物資を一気に陸揚げすることができる。そして日本軍の2つの飛行場（読谷の北飛行場と嘉手納の中飛行場）も近く、ここを早くに占領できれば米軍の補給・出撃の拠点にできた。こうして米軍は順調に上陸を済ませて兵を南北に進め、海と空から後続の物資や兵士を次々と運び込んだ。

第32軍は「戦略持久」の方針の通り、米軍が上陸しても正面から迎撃せず、部分的に応戦したのみだった。かわりに宜野湾・中城から那覇・首里・与那原にかけての一帯に兵力を集中させた。この一帯は起伏が続いて米軍にとっては見通しが効かないが日本軍にとっては防御しやすい。日本軍は地下に張り巡らせた陣地で米軍の砲撃をしのぎつつ、隙を突いては地上に飛び出して米軍に反撃し、中には爆雷を抱えた兵士が戦車へ向かって突撃していくこともあった。そのような攻防が繰り返され、米軍は5月末に首里を占領するまでの2か月間をこの中部の戦いで費やした。

第32軍は米軍の首里侵攻を目の前にして、司令部を摩文仁（糸満市）に移し、南部で態勢を立て直して戦闘を継続しようとした。第32軍はすでに戦力の7割を失っており、どのくらいの兵力が残っているのかさえ把握できないほどであった。それでもできるだけ沖縄で戦闘を引き延ばす戦略持久の姿勢は変わらず、6月以降も地上戦は続く。この時、米軍に占領された中部や北部では住民のための収容所が次々と開設され、整備された飛行場からは米軍の戦闘機や爆撃機が南西諸島各地や九州への空襲に飛び立っていった。

図52 轟の壕（糸満市）にて、米軍によって壕を出される住民たち（1945年6月24日米軍撮影、沖縄県公文書館所蔵）

南部には多くの住民たちが避難していた。米軍上陸時に北部に疎開できなかった者たちが、戦線に追われるようにして逃れて来ていたのである。そのような住民のための食料や避難場所の用意はなく、行き当たりばったりに水や食料を探しながら、墓やガマ（自然洞窟）や岩陰、建物などの隠れ場所を転々とした。ガマは砲撃をしのぐ隠れ場所となったが、どこのガマも先に避難した人々でごった返し、しまいには日本軍が使用するという理由で追い出されることもあった。住民たちは否応なしに「鉄の暴風」に投げ出されてしまう。

一方で北部に逃れていた住民たちも山の中での生活が長引くにつれて疲弊していく。手持ちの食料が無くなると木の実や野草、ソテツ、死んだ兵士から取り出した携行食などでしのぐしかなく、住民同士、そして逃れて来た敗残兵との間で食料の奪い合いも起きた。夏の山中では蚊が活発に動き、住民の間でマラリアも蔓延した。加えて、日本兵が住民をスパイ扱いして殺害したり、米兵が女性を暴行するなどの事件も多発した。同様に大きな戦闘が発生しなかった宮古や八重山でも、爆発的なマラリア流行で犠牲者が相次いだ。

沖縄本島の南端に追い詰められた第32軍は、6月20日以降は司令部と各部隊との連絡も途絶え、23日には牛島満司令官が自決、第32軍は崩壊していく。米軍へ投降する者も増え、沖縄の戦いは終わりを迎えるかと思われた。しかし、ガマや山中、離島などでは米軍に投降せずにこもり続ける兵士や住民も残っていた。住民がスパイとみなされて殺害される事件も起き、久米島では20人の住民がスパイとみなされ日本軍に殺されている。

沖縄戦から基地オキナワへ

8月14日に日本はポツダム宣言を受諾、9月2日に東京で連合国との降伏調印に応じた。連合国最高司令官総司令部（GHQ）は全ての日本軍に戦闘終了と降伏を命令、9月7日には第32軍が米軍と嘉手納基地で降伏調印を交わして沖縄戦も終結した。

しかしこれで住民が元の暮らしに戻れたわけではない。生き残った住民は米軍が設置した収容所に集められた。収容所では住居や食料、医療、労働、さらには子どもたちのための学校も設けられ、住民による自治組織も作られた。収容所に入った住民の数は5月末で14万人あまり、地上戦がほぼ終息する7月には30万人を越えた。

しかし、住民が収容所を自由に出入りすることは厳しく制限された。米軍は住民を収容所に集めている間に、住民がいなくなった土地を次々と敷き均して基地にしていったのである。12カ所の飛行場が作られ、那覇の市街地は一掃されて補給施設となった。こうして米軍は、沖縄侵攻に続いて計画されていた日本本土侵攻作戦「ダウンフォール作戦」へと準備を進めていったのである。8月の日本降伏によって作戦は実行されなかったが、住民にはその後もしばらく収容所での生活を強いた。

10月23日になってようやく住民の帰郷が許可されるようになるが、戦禍で荒廃した故郷はすぐに住める状態ではなかった。家屋や田畑は破壊され、道端には遺体や遺骨が転がり、たくさんの不発弾も残された。米軍が放出した資材で簡素な住宅を建て、遺体や遺骨を集めて弔い、生活の再建をスタートさせていった。ところが米軍基地に接収された地域の住民は戻れる土地がなく、やむなく他に生活の場を探さなくてはいけなかった。

こうして戦前まで続いていた沖縄の農村の風景は、米軍基地と、基地によって土地を追い出された住民のバラックに置き換わっていく。農地を失った人々は、代わりの生活の糧として米軍基地に仕事を求めた。もともとは日本本土侵攻作戦の拠点として作られた米軍基地は、やがて冷戦の時代における「太平洋の要石」としての役割を与えられて存続し、沖縄の人びとも米軍の施政権の下に置かれ続けた。そして、今日の「基地オキナワ」のすがたへと続いていく。

沖縄戦の戦没者は何名か？

沖縄戦で、どれくらいの人が犠牲になったのだろうか？

1953年から沖縄へ援護法が適用される際、琉球政府は沖縄戦の戦没者数を20万656名と算出した。これは沖縄戦の前後、1944年と1946年の人口の差を元に終戦直後の海外・県外からの引き揚げなどを勘案した暫定的なものである。ここでは沖縄出身者を12万2228名（うち沖縄県出身軍人・軍属2万8228名、一般県民9万4000名）としている。

一方、糸満市にある「平和の礎」には、2022年6月の時点で24万1686名（2022年6月）が刻銘されているのだが、これには満州事変以降のアジア・太平洋各地での沖縄出身戦没者や、県内の原爆被爆者も含まれる。例えば沖縄市の場合は5519名が刻銘されているが、1945年に沖縄県内で亡くなった者は2938名（53.2%）であるのに対し、国外や南洋群島で亡くなった者は1781名（32.3%）に上る。このことは、沖縄戦だけが沖縄県民の戦争ではないということを示している。

さらに「平和の礎」には、朝鮮半島出身者も刻銘されている。当時日

図53 平和の礎（2006年6月23日、筆者撮影）

本の統治下にあった朝鮮半島からも日本軍兵士として、また日本軍のもとで荷役や陣地構築などの労務に就く「軍夫」として沖縄に来て犠牲になった。また、女性たちも「慰安婦」として、県内や本土、台湾からの女性たちと共に慰安所で働かされた。日本軍の敗退によって彼らも戦禍に追われた。平和の礎には462名の朝鮮半島出身者が刻銘されているが、実際には数千とも一万を超えるともいわれ、その具体的な数は未だにつかめない。一方で沖縄出身戦没者の中でも、本当の名前が分からずに「○○の子」「○○の長女」といった形で刻銘されている者は少なくない。沖縄戦でどれだけの人が犠牲になったのか、その詳細を掴むのは非常に困難である。

その一方で、戦後間もない頃から始められた遺骨の収集は現在18万5368柱にのぼるとされ（2022年3月末現在）、現在でも工事現場や壕などから遺骨が発見されることがある。DNA鑑定による遺族の特定も可能にはなっているとはいえ、ほとんどの遺骨は家族のもとへ帰る術がないままである。そして不発弾が発見され、その処理のたびに交通規制や避難指示が行われる。今なお、「終わらない戦争」が私たちの住む沖縄にはある。

【参考文献】

安仁屋政昭『裁かれた沖縄戦』（晩餐社、1989年）
仲宗根源和『沖縄から琉球へ』（月間沖縄社、1973年）
林博史『沖縄からの本土爆撃』（吉川弘文館、2018年）
『糸満市史　戦時資料　資料編7　下巻―戦災記録・体験記―』（糸満市役所、1998年）
『沖縄県史　各論編　第6巻　沖縄戦』（沖縄県教育委員会、2017年）
『沖縄市史　第5巻　資料編4　戦争編―冊子版―』（沖縄市役所、2019年）
『読谷村史　第5巻　資料編4　戦時記録　下巻』（読谷村役場、2004年）
防衛省防衛研修所戦史室『戦史叢書　沖縄方面陸軍作戦』（朝雲新聞社、1968年）

Column 10

沖縄近現代史とキリスト教会

沖縄の町を観察しながら歩いていると、キリスト教の教会が多いことに気づくかもしれない。教会の多さは観光客も気になるらしく、最近はSNSにそんな書き込みを見かけることもある。

それにしても、なぜ沖縄にはこれほど多くのキリスト教会があるのだろうか。

こう問うてみると、たぶん最初に思い浮かぶのは巨大な米軍基地との関係であろう。アメリカはキリスト教の国であるから、兵士にもクリスチャンは多い。だから戦後、米軍基地が置かれたことで、付随して教会が増えたのではないか。この仮説はある程度的を射ている。アメリカは沖縄を占領する中で、キリスト教会に住民教化の役割を期待し、支援した。今日ある教会の一定割合は、こうして米軍と共に沖縄にやってきたものである。ただし沖縄とキリスト教の関係は、実はもう少し根が深い。

沖縄学の父といわれる伊波普猷(いはふゆう)は、『おもろさうし』の研究に没頭する以前、キリスト教に熱心だったことがある。ただしこれは純粋な信仰というよりも、むしろ彼が生涯抱き続けていた沖縄への思いに基づいていた。伊波は学者であるとともに社会運動家でもあったから、彼の学問は沖縄の人々を啓蒙し、沖縄社会を改良していくことへの情熱に貫かれていた。そんな彼が当時期待していた思想の一つがキリスト教だったのである。

伊波がキリスト教に傾倒していた明治大正期の日本では、キリスト教は宗教というより、進んだ西欧人たちの先端的な社会思想だと考えられていた。この痕跡は現代でも、歴史ある私立大学の多くがキリスト教系であることにみいだされる。伊波はキリスト教、特にプロテスタントの信仰が、沖縄の人々を導く可能性に期待していた。そんな伊波の情熱は彼より若い世代に影響を与え、彼の周辺からは明治末から大正時代にかけ、牧師が何人も現れている。実は今日の我々が目にする教会の一部は、この沖縄出身の牧師たちが創設に関わったものなのである。

少し時代が下って、沖縄地上戦の悲劇を伝える『ひめゆりの塔』も実はキリスト教と深い関係がある。ひめゆり学徒隊の悲劇をまとめた最初の文学作品は、1949年に発表された石野径一郎『ひめゆりの塔』である。ところで沖縄出身である石野は、沖縄の土地勘こそあったが、執筆当時は東京で暮らしていた。問題はこの時代が、米軍による占領のために沖縄での取材はおろか、沖縄の情報そのものが本土には伝わらなかった時期だという点である。東京の石野はひめゆりの悲劇をいかにして知ったのだろうか。

これに関わったのが、沖縄の熱心なクリスチャンであった与那城勇である。沖縄地上戦を目の当たりにした与那城は、米軍にもまして、味方であったはずの日本軍に憤りを感じていた。そのためひめゆり部隊の悲劇についても米軍のみが悪いのではなく、むしろその責任は日本軍の指揮や方針にこそあるものと考え、それを取材によって確かめようとした。それをまとめた資料が1949年、東京から沖縄に来ていた宗教学者の比屋根安定（青山学院大学教授）の手に渡る。比屋根の渡航目的は主にキリスト教の講演であったから、米軍はこれを特例的に認めていた。旅を終えて東京に戻った比屋根から、与那城の資料はついに作家の石野の手へとゆだねられる。その年のうちに『ひめゆりの塔』は作品となって公表され、沖縄の悲劇は我々の知るかたちとなって、初めて歴史に組み込まれることになるのである。

なお、こうしたクリスチャンによる活動はその後、戦中の日本軍の責任を問う大きな政治活動へと育っていく。周知のように沖縄のキリスト教界はこの問題に極めて熱心であるが、その政治活動はここに述べた歴史的経緯を出発点としている。沖縄の町にはキリスト教会が多い。その何気ない光景は、実は沖縄近現代史上の重要問題と深くからみあっているのである。

【参考文献】

一色哲『南島キリスト教史入門―奄美・沖縄・宮古・八重山の近代と福音主義信仰の交流と越境―』（新教出版社、2018年）
及川高『「宗教」と「無宗教」の近代南島史―国民国家・学知・民衆―』（森話社、2016年）

占領と離散

—土地をめぐる住民のたたかい—

沖縄戦後の住民の離散と移動と人々の生活

占領初期国頭(くにがみ)郡に米軍が設置した収容地区には最大約30万人が収容された。1945年10月、米軍は再定住のため人々の移動を許可した。元の集落などへ帰還させて生産と復興に取り組ませるためだった。しかし米軍が使っていない場所に限られ、米兵と日本人捕虜帰還による労働力不足の労務調達を目的とした。収容地区からの帰還は沖縄の人々には復興の始まりでもあったが、基地を維持する労働力となることでもあった。

1946年5月までに12万5000人が元の集落などへ移動した。米軍が移動を認めなかった那覇市や読谷村、北谷村、伊江村約3万人が元の収容地区に残留していた。1月に戦前の市町村が復活し、4月には通貨復活・賃金制が始まった。生きるために働かなければならず、その受け皿が軍労働だった。

軍労働による移動—那覇市民が住んだ「金武湾」「みなと村」

那覇市民は軍労働に就き移動している。1945年10月、戦前那覇港で荷役をした那覇市垣花(かきのはな)の「仲仕」と家族1800人が、米軍の指示で移動した。具志川村などの米軍港で荷役をした。さらに1946年12月には、那覇軍港で働くため「那覇港湾作業隊」として那覇市と真和志(まわし)村（1957

年那覇市に合併）一帯へ再移動した。一連の移動には「仲仕」ではない那覇市民も職と住を得るために参加した。沖縄民政府は那覇市民の軍作業就労を求め、米軍は「那覇港湾作業隊」への採用を命じた。「那覇港湾作業隊」の居住地には1947年「みなと村」が設立された。占領初期の軍労働は労務中心で女性や高齢者は就労できず、各地に取り残された。

帰還後の生活―真和志村の事例

帰還後、人々はすぐに普通の生活に戻れたわけではない。米軍が開放地域を「禁止地区」、可耕地、居住地域など用途を示し制限したためだ。摩文仁（まぶに）村、豊見城（とみぐすく）村を経由し1946年7月に村内帰還が始まった真和志村。人々はまず集落の瓦礫片付け、不発弾撤去、道路整備をした。数時間で建てられる「規格住宅」を建て、住民受け入れに備えた。それでも全員を移すのに4～5ヵ月かかった。村内開放は段階的に進み、最後の「二中前」が1947年9月開放されるまで1年余かかった。また、元の集落が米軍用地となった天久は他所にテント集落をつくり旧集落近隣への移動を要請した。真和志村西部の楚辺や樋川は「みなと村」に編入された。元の住民は国場に土地を借り住んでいた。

基地建設と「土地収用令」―読谷村楚辺・渡具知

中華人民共和国建国、米ソ対立により米国は沖縄を長期保有する方針を決め、米議会は1950年会計年度で沖縄基地建設予算5000万ドル余を成立させた。沖縄で新規接収による恒久的軍事基地の建設が始まった。1952年のサンフランシスコ講和条約発効前後の事例として、読谷村楚辺（そべ）と渡具知（とぐち）を紹介する。沖縄戦前、日本軍は読谷村内に陸軍北飛行場を建設、さらに米軍はボロー飛行場などを建造した。そのため石川市などにいた1万4611人の読谷村民の移動は遅れた。移動許可は1946年8月高志保と波平で始まり、楚辺は1947年開放された。しかし、1951年、米国民政府は楚辺にトリイ通信施設建設を通告した。集落は再建が進んでおり、住民は「何回も押し返して絶対反対を主張した。『あしびなー(村の広場)』に区民が集まり反対集会を何度も開いた」。米軍に代替地使用を陳情したが、結局1953年1月に住民は立ち退かされた。農地を失い、女性は軍のハウスメイドや洗濯係、男性はハウスボーイや大工となった。「運動しても、米軍は聞くことすらなかった。運動すればするほど、後ずさりするような状態だった」。

1952年4月講和条約発効後、11月民政府は布令91号「契約権」を公布した。琉球政府に地主と賃貸契約させ、米軍が借り上げる仕組みだ。初めての軍用地料は1坪1年1円8銭(B円)、契約期間20年だった。1本10円のコーラより安いと揶揄され、地主は契約を拒否した。

読谷村渡具知には1953年1月立ち退き命令が出た。住民は1951年に戻ったばかりで区長と村長らは連名で請願書を民政府に提出し抵抗した。民政府は立ち退けば道路や家屋建設を援助し「模範部落」を造るが、従わなければ土地接収をちらつかせた。民政府は1953年4月、布令109号「土地収用令」を公布・施行し土地接収を可能にした。緊急の場合、収容告知後に即日明け渡し命令もできた。当時米軍に抵抗すれば「共産主義者」と批判され孤立させられた。9月、渡具知戸主会はやむなく立ち退きを受け入れ比謝(ひじゃ)へ移転し、一部は石垣島へ計画移民として渡った。

「銃剣とブルドーザー」―初の収用令適用、真和志村銘苅と安謝

米軍は、真和志村に「牧港住宅地区」を造るために1950年7月から天久・上之屋の住民を立ち退かせた。当時真和志村は、占領直後の軍の土地接収と新規接収によって混乱が起きていた。帰還先がない那覇市民のための真和志の土地102万㎡が那覇市に強制割譲させられていた。村面積はすでに2割が軍用地となり、残る土地に真和志村民、農地を失い

仕事を求めた人々が住み人口は戦前の3倍4万6000人に達した。新規接収による立ち退き先確保は困難で、同村宮城原（現寄宮）の県農事試験場を米軍と交渉の末充てざるをえなかった。

銘苅（めかる）と安謝（あじゃ）は立ち退き者の苦境を知り抵抗した。立法院陳情で次のように述べた。「祖先伝来、命より二番目に愛惜する土地で農業に励んできたわれわれにとって立ち退き命令ほど無慈悲なものはない。（民政府）副長官は共産主義の撲滅は貧乏をなくすることだといったが私たちは今、貧乏のドン底に落ちんとしている」（『沖縄タイムス』1952年10月26日）。「土地収用令」施行からわずか10日後の4月10日、銘苅と安謝に即日明け渡しを命じ、武装兵を伴う暴力的な接収によって銘苅区の整地を始めた。また琉球政府を通じ契約を求め、さらなる強制接収をちらつかせた。しかし賃料が安いため銘苅と安謝は契約せず、真和志村議会も布令廃止撤廃を全会一致で可決した。しかし陳情や決議による抵抗は限界だった。「ブルドーザーが目の前に来て、どんどん押しつぶしているから。米軍には抵抗できなかった」。接収による移転件数は749軒に上る。

同年12月小禄（おろく）村具志（ぐし）（空軍施設）では米軍が来ると、公民館の酸素ボンベの鐘で合図し、ブルドーザーの前に住民数百人で座り込み非暴力の抵抗をした。米軍発表に対抗するため事実を伝える幟（のぼり）「土地を守れ、平和のため」を掲げた。生活から生まれた抵抗の知恵は住民の交流の中で引き継がれ磨かれた。1955年3月に伊江村真謝（爆撃演習場拡張）でも非暴力の「陳情規定」、農地を奪われた人々は「乞食」をするしかないと沖縄島を「乞食行進」して、苦境を沖縄中に訴えた。

伊佐浜と「島ぐるみ闘争」

1954年3月、民政府は借地料16.6ヵ年分を「一括払い」し限定土地保有権（永代借地権）を設定した。立法院は①一括払い反対②適正補償③

損害賠償④新規接収反対を可決、後の「土地を守る四原則」が生まれた。行政、立法院、市町村会、土地連は4者協を結成し1955年渡米、土地問題を訴えた。10月米下院は沖縄に調査団を派遣した。

同年7月、伊佐浜で2期作の田植えが始まる頃、米軍は施設1マイル（1.6km）以内の蚊発生予防のため稲作禁止した。8月基地マスタープランに含まれると伊佐、安仁屋、北谷村に立ち退きを命じた。キャンプ瑞慶覧の拡張だった。伊佐浜ではボウフラ対策に「田魚」を導入し農耕を続けたが、9月米軍が水田に土を投入し農民を驚かせた。村民は収穫まで待つように要請したが、11月には建築物と農作物撤去が言い渡された。

1955年3月、伊佐浜の人々は初めて体を張った行動に出た。米軍が作物の育つ農地に着工したためだ。指摘を無視し米軍が作業を続けたため、住民100人余が集まり、数人が重機の下にもぐり重機を止めた。武装兵は着剣した銃で威嚇し住民を追い払い作業を再開させた。測量中止を「米軍に一生懸命お願いした」60歳男性は米兵暴行容疑で逮捕された。

米軍は7月、伊佐浜最後の水田を含む約33万㎡の立ち退きを命じ強制接収を伝えた。人々は「単なる反対ではなく、最小限の生存権の主張」として代替の干拓地を要求し、米下院調査団を待つよう意見書を琉球政府に提出した。伊佐浜は当時大きな関心を集めて応援者が農家を支えた。19日早朝、武装兵と重機が入ってきた。阻止しようとする住民を次々と突き飛ばし、軍道1号と集落の間に鉄条網が張られた。朝日の中、重機が縦横に動き回り、海には浚渫船が待機していた。米軍は住民に自ら家を壊すように命じ、拒否すると米兵と作業班がツルハシで破壊した。住民が苦労して再生させた何枚もの水田に砂利を投入した。中部の青年会や職場や学校から来た約5000人もが金網の外から破壊される伊佐浜をみつめた。米軍憲兵に意見を述べただけで逮捕された。

図54 約15万人が集まった那覇高校での四原則貫徹大会(沖縄タイムス社提供)

図55 伊江村民による「乞食行進」(わびあいの里所蔵)

1955年に沖縄を訪れた米下院調査団の報告は沖縄の人々を期待させたが、1956年6月発表された「プライス勧告」は米軍の正当性を追認していた。内容が判明すると、立法院、比嘉秀平（ひがしゅうへい）琉球政府主席も「四原則貫徹」を確認した。4者協を支えるために、教職員会など16団体が「軍用地問題解決促進連絡協議会」を結成。四原則貫徹を求め大会が連日開かれた。6月20日には56市町村で、25日第2回大会は那覇とコザ、7月の那覇の大会には約15万人が参加し、琉球大学学生が占領下で初のデモ行い賞賛を浴びた。しかし、米軍は反米的だとして8月コザ大会を前に、中部地域への米兵立ち入りを禁止するオフ・リミッツにし、地元に経済的打撃を与えた。大会には飲食業者1000人が押し掛けデモを中止させた。米軍が責任を名指ししたコザ市長は「反米的」集会不許可を宣言、琉球大学は学生6人を退学、1人を謹慎にした。米軍はあらゆる手段を用い恫喝し占領への異論を封じた。米軍による暴力的土地接収、「土地を守る四原則」を無視した「プライス勧告」に対し住民が爆発的な勢いで抗議を表明した「島ぐるみ闘争」は分断され急速にしぼんでいった。しかし、人々の心にうずみ火を残したのだった。

【参考文献】

新崎盛暉『沖縄現代史　新版』（岩波書店、2005年）
鳥山淳『沖縄／基地社会の起源と相克　1945-1956』（勁草書房、2016年）
若林千代『ジープと砂塵―米軍占領下沖縄の政治社会と東アジア冷戦　1945-1950―』（有志舎、2015年）
謝花直美「力草ぬ根―米軍統治下の人々―」『沖縄タイムス』2009年
謝花直美『戦後沖縄と復興の「異音」―米軍占領下 復興を求めた人々の生存と希望―』（有志舎、2021年）

3

世界史のなかの沖縄

20世紀アメリカの対外膨張史

アメリカ合衆国は、「植民地なき帝国」と呼ばれることがある。欧州の帝国が、アフリカ、中東、アジア、中南米に、多くの植民地を直接支配していたのに対して、アメリカは、そのような植民地支配なしに、世界に覇権を維持してきた、という意味である。

しかし、アメリカは、建国そのものが北米大陸北東部の英国植民地の独立であり、先住の人々を殺戮し、土地を奪って領土を拡大していった。1846～48年のメキシコに対する戦争（米墨(べいぼく)戦争）で、現在のカリフォルニア州、テキサス州を含む、広大な領土を獲得したことからも明瞭なように、肥沃で天然資源に富む北米大陸そのものが植民地となった「帝国」である。

そのアメリカは、1898年のスペインとの戦争の結果、遠く太平洋の対岸のフィリピンを植民地化し、グアムを占領、また近いカリブ海のキューバ、プエルト・リコも占領した。フィリピンは、1899年に共和国としてスペインから独立したが、アメリカは武力でこれを制圧し、1901年に植民地化した。フィリピンはその後、1916年に自治州化、1934年にフィリピン独立法制定、その後、1942年から日本の軍事支配、1945年日本の敗戦に伴い米国植民地に戻り、1946年に共和国として独立する、という、紆余曲折を経た。

グアムは、21世紀に至るまで、アメリカの自治領土であり、住民はアメリカ国籍を持つが、大統領選挙の投票権は付与されず、連邦議会の正式な議席も持たない状況が続き、それを法的に変える手立ても与えられていない。キューバは、1902年に独立し、1903年には、2022年現在もアメリカが租借し続けているグアンタナモ基地を獲得。その後、親米傀儡政権が続いたのが、1959年に共産革命が成立し、今日に至る。プエルト・リコは、米西戦争により、1898年に一度は独立するが、すぐにアメリカに占領され、領土となった。プエルト・リコ住民も、アメリカ国籍を与えられるが、連邦政府の選挙権は持たず、政府予算は米連邦議会に依存する仕組が続いている。

ペリー提督が1853年に浦賀に来航して日本の開港を要求した際、沖縄に数回寄港（112頁参照）して、占領のための情報収集をした史実は、こうしたアメリカの海外膨張の流れの中にあったことを認識する必要がある。琉球処分後の沖縄が米軍を引き留めるための沖縄戦の戦場にされ、その後、長らく続いたアメリカ統治が施政権返還で終わった後も、巨大な米軍基地を持ち続けている今日の状況は、前述の諸地域に通じる「植民地なき帝国」による「植民地維持」である。領土的野心を持たない帝国という性格付けは沖縄を含むこれら諸地域の存在を考慮していない。

第二次世界大戦と冷戦

第二次世界大戦後に、軍事同盟を組んだ戦勝国の間で、非常に深刻な対立が起きた。政治の上で自由主義・民主主義、経済面で資本主義を掲げるアメリカと、全体主義政治体制を採り、共産主義経済体制のソ連との間で、互いを軍事的にも経済的にも圧倒し、屈服させる闘いになった。西欧や日本がアメリカ側（西側）に組織され、北大西洋条約機構（NATO）や、米日、米韓、米比、といったアジアの国々との個別軍事同盟により、アメリカの軍事戦略と、経済戦略に組み込まれた。対するソ連側（東側）も、軍事同盟であるワルシャワ条約機構（WTO/WPO）に加わった主に東欧の国々の他、共産革命を世界各国で支援し、勢力拡大を図った。

ソ連は、1950年代までは、第二次世界大戦の甚大な被害から復興するにあたり、共産主義の計画経済が機能し、アメリカに先んじて、アメリカを直接核攻撃する技術になる人工衛星打ち上げに成功するなど、両陣営の対決は激化した。1962年に、ソ連が、共産革命後に同盟国となったキューバに、ワシントンD.C.やニューヨーク市を射程に入れる核ミサイルを配備し、アメリカが、自らの核攻撃の脅しによりその撤去を要求した時が、米ソ直接の核戦争の最大の危機であった（キューバ危機）。

幸いなことに、その後、米ソ両国が直接核戦争をする第三次世界大戦はこれまでは回避されてきた。それは、米ソが、人類を30回滅亡させるに足る、といわれた程の多数の核弾頭と、それを発射するミサイルを増備していったために、一度核ミサイルが使われたら、相互の報復が止められなくなり、人類が滅亡する究極の睨み合い状況になったためである。相互確認破壊（MAD）という理屈であるが、この結果、米ソ対立は、直接の戦争（熱戦）ではなく、直接の戦争はしない核兵器の均衡による「冷戦」が続いた。

冷戦期の沖縄と世界

他方、冷戦下で、米ソ両国は互いの勢力圏の確保、拡大を、世界各地での局地戦における代理戦争で続けた。冷戦は、人類滅亡は防いだのかもしれないが、アジア、アフリカ、中東、中南米の多くの国で、米ソ代理戦争が戦われるという不幸な時代であった。アメリカは、民主主義と自由主義のチャンピオンという建前と裏腹に、多くの国で、反共産主義の立場を主張している限り、極悪な独裁政権、軍事政権を支持・支援した。民主的に選ばれた社会主義政権を転覆させて、軍事独裁政権を樹立させた例もあった。

一方、1950年代後半から、1960年代は、アジア・アフリカにあった欧州国家の植民地が独立していく時代でもあった。19世紀以来、覇権を維持していたイギリスが、経済的にアメリカに抜かれ、また、同じく植民地獲得・維持で競っていたフランスも、他の西欧帝国主義諸国も、第二次世界大戦の甚大な被害で、衰退した。1960年に、国連総会が「植民地独立付与宣言」を可決すると、アフリカ植民地の多くが独立を勝ち取ることとなった。他方、アジアでは、植民地独立が形式的にも滞る国が多く、その最たるものがベトナムであった。また、朝鮮は、日本支配が終わると間もなく南北分断国家となり、1950年に、ソ連の後押しを受けた北朝鮮が、アメリカ陣営の韓国に軍事攻撃をしかけ、朝鮮戦争が勃発した。南北は一進一退の激戦を続けた。1949年に共産革命を達成していた中国義勇軍の参戦により、一時、敗色濃厚となったアメリカ軍司令官ダグラス・マッカーサーは、中国への原爆攻撃を主張し、トルーマン大統領に更迭された。この時点で、ソ連はすでに原爆を持っており、中国への原爆攻撃はソ連によるアメリカ側への報復に繋がった可能性がある。その対象には、当然、日本も沖縄も含まれたであろう。

沖縄の米軍基地は、朝鮮戦争を契機として拡大し、米軍の沖縄の軍事拠点化が進められることになった。また、基地建設を手段とした沖縄の経済操作も根付く結果になった。

アメリカは、アジアの国々で、民主主義・自由主義の原則ではなく、反共産主義を採るか否かで支援する政府を決め、影響圏を維持した。その結果、韓国、インドネシア、フィリピン、台湾で、苛烈な人権抑圧を行う軍事独裁政権を支援し続けた。

ベトナム戦争と沖縄

沖縄社会に甚大な影響を残したベトナム戦争は、フランスの植民地であったベトナムの独立に際し、ソ連の影響下にある北と、アメリカが支援する南に分断国家化し、その後20年にわたる米ソ代理戦争が戦われた。1943年に占領した日本が名目上の独立を付与、1945年にはベトミン（ベトナム民族独立同盟）による共産国家を目指す北ベトナムの独立が成立した。これに対し、アメリカは、共産主義の拡大を抑えるために、フランスが植民地支配を継続するために樹立した南ベトナム政府を支援した。

1955年以降は、フランスに代わり、アメリカが南ベトナムを全面支援して、ソ連の支援を受けた北ベトナムと、1975年に敗退するまで戦争を続けた。

アメリカは、ベトナムの共産化が、ドミノ倒しのように周辺諸国の共産国家化を広げるという「ドミノ理論」に基づいて、ベトナム戦争への介入を拡大した。1960年代半ば以降、沖縄はベトナム戦争の兵站（へいたん）拠点として使われ、ベトナムに派遣された米兵総数は260万人とされ、1969年には54万人が駐留した。太平洋を越えた戦地での長期にわたる戦争は、アメリカ社会、経済を疲弊させ、6万人弱の米兵戦死者を出し、国内で徴兵制も採られたベトナム戦争への反発が高まり、アメリカは撤退した。この間、多くの米兵がベトナムへの往復途上で駐留した沖縄は、彼らが落とす金で、軍需景気を享受した。多くの女性が（1969年調査で7400人）米兵相手の売春に従事し、基地周辺の街には、巨額の金が落とされ、それは今にも続く都市経済のゆがみを作り出した。

兵士の中継点や、物資・装備の中継点としてだけでなく、米空軍嘉手納基地に配備されたB52長距離戦略爆撃機は、1968年から1970年まで、直接ベトナムに飛び、大量の爆弾を落とした。沖縄は、間違いなくベトナム戦争の最前線だった。

沖縄のベトナム戦争加担が激化した時期は、復帰運動が高まった時期でもあり、復帰運動がベトナム反戦を唱え、相乗効果を与えた事実は、沖縄の平和運動が、世界と繋がる意思を持っていた証である。一方、この時期、アメリカでは公民権運動の戦いが高まっており、少数ながら米軍関係者の中に復帰闘争や反基地闘争に共感を示す者もいたことは特筆すべきである。

アメリカが沖縄の施政権返還に応じたのは、在沖基地の維持と自由使用が認められ、一方、60年代後半からの政府財政危機、ドル危機により、沖縄の施政権を維持するための歳出を嫌ったことによる。その後、1971年にはアメリカは、ドルの切り下げに始まり固定相場制放棄という、戦後自らが作った経済秩序からの撤退に追い込まれた。沖縄の施政権返還は、この文脈からも考えるべきである。

冷戦終結後の世界

1973年の石油危機、1970年代後半の高率インフレと経済停滞、日本や西ドイツ（1990年の統一前）の台頭による産業経済力低下と、アメリカ経済は、1990年前半まで危機的な状況が続いた。ところが、1990年代半ばから、アメリカは、インターネットの時代を自ら作り出し、新たな産業構造を構築、同時に、金融工学を発達させ、世界に競争相手がいない、製造業の次のIT産業、金融業優位を世界に対して確立した。

冷戦期の敵であったソ連は、1970年代には経済の停滞・沈没が明らかになり、改革に失敗、1991年末にはソ連の解体、という予想もしなかった結果になり冷戦構造は消滅した。冷戦構造が強いてきた在沖米軍基地の存在も、必要性が薄れる期待が高まり、1996年に大田昌秀（おおたまさひで）知事は15年間で全基地の返還を実現させる「基地返還アクションプログラム」を発表した。即時全面返還要求ではない、現実的な段階返還プロググ

図56 普天間　アフロアメリカ系米人が全軍労闘争支持のデモ
（撮影：國吉和夫　1970-1971年　『STAND!』Photogenic Pearson's Peace, 2012年）

図57 キャンプ・ズケラン　反戦米人の沖縄反基地支援デモ
（撮影：國吉和夫　1970-1971年　『STAND!』Photogenic Pearson's Peace, 2012年）

ラムであったが、1995年の少女暴行事件を受けたSACO合意で、海兵隊普天間航空基地返還が合意され、以後、その代替施設の建設が政治争点化したまま、全基地返還という政策目標は現実的には消え去った。

冷戦の終わりの終わり

冷戦終結後の世界は、アメリカの圧倒的な軍事力優位と、新たな産業優位により「アメリカ独り勝ち」の状況が続いた。アメリカ型の自由民主主義と資本主義は、人類がたどり着いた最終形態であるとの議論すら起きた。アメリカ自体がそのような自由民主主義を否定するトランプ大統領を選び、同時に中国が人類史上例のない経済成長を続け、独裁制の下でアメリカの軍事、経済上の脅威になったため、それが揺らいでいる。ウクライナ戦争は、「アメリカ独り勝ちの冷戦後世界」の終わりを示す。その状況においても、在沖米軍基地が日本にとっての有効な保険と考えられていることのおかしさを直視しなければならない。

【参考文献】

島袋純・阿部浩己編著『沖縄が問う日本の安全保障』(シリーズ日本の安全保障4、岩波書店、2015年)

「高度経済成長」と住民生活

収容所からの出発

戦時中・戦後にかけて、人々は、米軍によって各地に設置された収容所に送り込まれていった。1945年10月ごろから、収容された人々が元の居住地に帰郷することが許されるようになったものの、破壊された集落や農業設備を再建するためには、膨大な時間と労力が必要であった。また、不発弾があちこちに埋まっている中で、耕作をすることも命がけであった。

食料をはじめとした生活物資の多くは、米軍からの配給によって賄われたが、配給量が生存の必要最小限度の量にとどまった上に、地域による差が大きかった。配給量が著しく少ない地域では、深刻な食料不足が問題となった。また、終戦直後こそ配給は無償であったものの、その後は労務の提供が求められるようになった。米軍に土地を占拠されたために帰郷を果たせない人々は、生活の場を阻害し続ける米軍基地に就労の場を求めざるを得ないという不条理に合わなければならなかった。

当時は、米軍から盗み出した物資を「戦果（せんか）」と称していた。「戦果」はヤミ市場で取引されるだけでなく、困窮する人々に無償ないし安価に提供されることもあった。また、与那国島を中心に、宮古や八重山地方では、台湾や香港、日本本土との密貿易が盛んに行われた。「戦果」や密貿易品、米軍からの横流し品などがなければ生活は立ち行かず、それらを扱うヤミ市場が各地で生まれた。ヤミ市場の一部は、「マチグワー」へと発展していった。

恒久的基地の建設と復興

1949年の中華人民共和国の成立や1950年の朝鮮戦争の勃発など東アジア情勢の変化を背景として、米政府は沖縄の米軍基地の重要性を再確認するようになった。1951年から53年にかけて、恒久的な基地の建設が本格化した。

基地建設のためには多くの労働者が必要となるが、当時の軍作業は賃金が低く抑えられていたため、離職者が絶えなかった。1949年時点で全就業者の約15％、約4万人の人々が軍作業に従事していたが、基地建設のためにはピーク時で5万5000人もの労働者が必要となると試算されていた。そこで米軍政府は、労働者を集めるために、1950年に軍作業の賃金を3倍近くに引き上げた。結果として、基地周辺の沖縄島中南部地域だけでなく、北部地域や奄美諸島、宮古島などの離島地域からも多くの人々が集まり、基地建設に従事した。

戦後の沖縄では、幾度かの通貨の変更を経て、1948年からはB円（B型軍票）が法定通貨として指定されていた。日本本土から安価かつ安定的に建築資材やその他の物資を調達するため、1950年には、輸入製品の沖縄内価格が安くなるような為替レート（1ドル120B円）が設定されたが、この為替レートは輸出産業にとっては不

図58 B円からドルへの通貨交換
（沖縄県公文書館所蔵）

利な水準であった。結果として、第三次産業の就業者数や所得が著しく増大するとともに、輸出額を輸入額がはるかに上回り、その輸入超過を基地関連収入によって補うという「基地経済」が形成された。

1953年に朝鮮戦争が休戦になると軍工事も下火となったが、1956年から58年にかけて再び基地建設や拡充工事が着手された。基地建設に投下される莫大な資金を通して経済復興は果たされたが、そのために必要となる物資は沖縄内で生産するのではなく、輸入によって調達された点で、沖縄内での波及効果には限界もあった。

沖縄における基地建設は対日経済援助の一環とも位置付けられ、20を超える日本本土企業が沖縄に進出し、工事を請け負った。さらに、米政府は、日本本土に対しては、輸出振興にとって有利な為替レート（1ドル360円）を設定しており、沖縄が輸入する物資はできるだけ日本本土産品から輸出させるという政策（「ドルの二重使用」）をとった。日本の経済復興（輸出産業の育成と外貨の獲得）と沖縄での米軍基地の保有が結び付けられて進められた一方、沖縄での人々の生活についてはそれほど重要視されていなかった。

島ぐるみ闘争と政策転換

1956年に広がった「島ぐるみ闘争」は、米政府による沖縄統治政策に対して、米軍基地の確保と安定的使用を推進する上でも、沖縄の人々との関係や生活状況を重視しなければならないことを再確認させた。米政府は、「銃剣とブルドーザー」のような強硬政策を見直し、沖縄の人々を宥和するためのさまざまな政策や措置を講じることになった。

宥和政策の中心は、経済成長政策の推進と文化政策であった。特に、軍用地問題で離反した沖縄の人々との関係を再構築するためには、いかに戦後の米政府による沖縄統治が沖縄社会の経済成長に貢献し、沖縄の発展や進歩に寄与したかを訴えることが大きな意義をもった。

ただし、当時の沖縄内の技術水準は、経済成長を自律的に実現できるほど高くなかったし、企業も十分に成長していたわけではなかった。また、当時の米政府は緊縮財政の最中で、開発資金の確保は困難であった。そこで、米政府は、民間資本の活用、すなわち外資の導入に着目した。1958年から、外資の進出を促進するため、貿易・為替及び資本取引の制限を大幅に緩和した、いわゆる「自由化体制」を打ち立てていった。同時に、それを通貨面から支持するために、通貨をB円から米ドルへ切り替えた。

「自由化体制」と並行して、米政府は、プライス法を改正し、沖縄への援助額を大幅に増加させた。また、米政府は従来、日本政府による琉球政府への援助を認めてこなかったが、1961年6月の池田・ケネディ会談をきっかけとして、翌1962年度から容認する方針へと転換した。

「自由化体制」の下で、特に日本企業による、第一次産業ならびに第二次産業への進出が相次いだ。日米両政府による援助を基に、産業基盤の整備、社会保障や教育など公共部門の拡充が一定程度進められた。これらの成果は、経済成長を支える基礎的条件の一部となった。

沖縄の高度経済成長

1950年代後半から1970年代初めにかけて、沖縄経済は高度成長を実現した。1955年度から1971年度にかけて、「県民総生産」は、1億3000万ドルから9億8000万ドルへと7.5倍に、1人当たり所得は、149ドルから907ドルへと6.2倍に拡大した。この間の成長率は年当り13.4%に達し、同時期に経済成長を享受していた日本本土の成長率15.6%と並ぶ高い水準であった。さらに、時期別にみれば、1955～60年度の年平均成長率は9.2%、1960～65年度は同13.6%、1965～70年度は同17.1%であった。

当該期の沖縄の「県民総生産」の伸びを支えた主要因は基地関連収入

図59 スクラップ・ブーム
（勝連半島にて海底から飛行機の残骸を引き上げたところ）
（那覇市歴史博物館提供）

であったが、その他にも経済規模の拡大を後押ししたいくつかの要因があった。1956〜57年度には、日本本土の鉄くずの原料不足を背景としてスクラップ・ブームがあった。1958〜62年度には、日本本土の精糖企業との提携により、沖縄内で大型の分蜜糖工場が相次いで建設され、サトウキビ・ブーム（サトウキビ作の急激な拡大）が起こった。1960年代中頃になると、ベトナム戦争へのアメリカの本格的介入により特需（ベトナム・ブーム）がもたらされるとともに、日本政府による財政援助が大幅に増額されるようになった。

高度経済成長は、沖縄社会に負の影響ももたらした。日本本土の高度経済成長は所得格差を縮小させたが、沖縄の場合は逆に所得格差を拡大させた。1960年代後半からは、民間工場による大気汚染や水質汚濁が次々と発生し、各地で設備改善や補償要求が起こった。石油精製事業やアルミ産業などの誘致が具体化しても、公害を未然に防ぐための反対運動によって断念せざるを得なくなることもあった。

都市化と農村の変貌

高度経済成長期の沖縄経済を支えていたのは基地関連収入であったが、米軍基地は沖縄島中南部に集中していた。都市部と農村部での所得格差を背景として、多くの人々が基地周辺地域や都市地域に移動した。

1955年から1970年にかけての那覇市への人口集中度の変化をみると、世帯数ベースでは14.3％から31.4％へ、人口ベースでは13.8％から29.2％に増加した。一方、離島部では、地域社会の維持に支障をきたすほど深刻な人口不足に悩まされる地域もあった。

都市部での就業が人々を引き付ける要因であった一方、基地建設が、農村部の人々を押し出す大きな要因となることもあった。基地建設のための土地接収は、時に地域社会を分裂させながら、住居や耕作地を失った人々や、薪や炭業など山稼ぎの場を失った人々を生み出した。

沖縄内にとどまらず、日本本土へ移動した者もいた。1957年から、公共職業安定所を通じた「本土就職」が開始された。琉球政府や教育界も「本土就職」を積極的に推進し、日本本土での生活に向けた事前指導も行い、引率者をともなう「集団就職」を実施した。就職先としては、京浜・中京・阪神の各工業地帯、紡績業関連企業を中心に製造業が多数を占めたが、就職先で誤解や偏見にさらされて短期間で帰郷する者も少なくなかった。

沖縄の高度成長の基盤となったのは米政府による沖縄経済成長政策の推進であったが、それは米軍基地の確保と安定的使用を維持するための手段であったことを思い返そう。高度成長は人々の生活を豊かにしたが、その裏面には、米軍基地の建設と拡張のために土地を接収ないし強制収容された人々がいたことを忘れてはならない。

【参考文献】

松田賀孝『戦後沖縄社会経済史研究』（東京大学出版会、1981年）
琉球銀行調査部編『戦後沖縄経済史』（琉球銀行、1984年）
石原昌家『空白の沖縄社会史—戦果と密貿易の時代—』（晩聲社、2001年）
屋嘉比収『沖縄戦、米軍占領史を学びなおす—記憶をいかに継承するか—』（世織書房、2009年）
櫻澤誠『沖縄現代史』（中公新書、中央公論新社、2015年）

復帰と反復帰

復帰への問いかけ

1972年5月15日、戦後27年間の米軍統治が終わり、沖縄は日本に復帰した。復帰という出来事は、立場や視点の違いから複数の呼称で言い表されてきた。両極にあるものとして、日米政府の視点から施政権を重視する場合には「沖縄返還」と表現され、復帰に批判的な立場からは「併合」や「第三の琉球処分」とも呼ばれている。また、同時代の沖縄では、「祖国」ないし「本土」である日本への復帰と広く捉えられ、平和憲法の下に復帰することが強調されることもあった。これらの認識は、戦後相次いだ米軍基地に由来する事件・事故により、住民の人権が脅かされてきた事を背景とし、時にはアメリカによる「異民族支配」からの脱却の訴えるナショナリズムとも結びついた。

そのため復帰運動の焦点は、生活や権利の向上、それと密接に関わる基地の縮小や撤去にあった。すなわち「基地なき平和な島」の希求である。しかし、歴史的な帰結からすれば、基地は復帰後も多くが残り続け、復帰運動のめざした理想は「未完」のままであるといえる。

一方で、復帰直後は復帰を肯定的に捉える者は多くなかったが、大規模な経済開発（公共事業）も数多く実施され、生活の近代化と利便性の向上が一気に進められた。それに伴い、1980年代に入ると復帰評価が逆転し、87年以降は7割以上が肯定的な評価をするに至っている（NHK

による県民意識調査)。では、この状況をもって、復帰は過去のものといえるのか。「未完」なまま、そこで問われたものが忘却されているとしたら、改めて復帰が提示した「問い」に立ち戻る必要がある。

反復帰という思想が照らしたもの

復帰運動は、1950年代初頭の対日講和交渉を前に、沖縄の帰属論議と合わせて盛り上がり、住民の7割以上が復帰を求めた署名運動として展開された。しかし、継続する米軍統治のなか、日本本土との環境格差が明らかだった学校教育の現場などで強く復帰が求められたものの、復帰運動として本格化したのは1960年代に入ってからである。

米軍基地の維持を前提として、日米主導での返還交渉が進められつつあった1970年前後には、復帰を思想の面から根本的に問い直そうとする動きが複数みられた。なかでも、真正面からそれを批判した反復帰論(ないし反国家論)は、復帰思想のもつ「日本人」や日本という国家に自らを一体化させようとする心性

図60 日の丸を掲げた復帰運動
(那覇市歴史博物館所蔵)

（精神性）をも問題とした。その批判の矛先は、復帰運動が戦前の軍国主義の象徴であった「日の丸」を振って進められたことにも向けられた。この議論を展開した新川明（あらかわあきら）は、「「反復帰」とは、すなわち個の位相で〈国家〉への合一化を、あくまで批判しつづける精神志向」であるとし、「反国家であり、反国民志向」と特徴づけていた（『反国家の兇区』）。復帰をめざす心情は盲目的なナショナリズムではないか、日本国家に頼る復帰では自治や自立は不可能ではないか、そういった根本的で思想的な問いがそこには含まれていた。

また、返還交渉の内実が明らかになるにつれ、返還協定自体を拒否する動きや、現実味を帯びる自衛隊移駐を前に「旧日本軍とはなんだったのか」も問われ、復帰運動の質的な転換の必要性も議論された。

そこでの争点の１つが、「反戦復帰」という捉え方であった。当時、復帰運動を進めたのは、教職員や労働者を中心として1960年に結成された沖縄県祖国復帰協議会（復帰協）であった。復帰協には、基地労働者を組織する全沖縄軍労働組合（全軍労）も参加していたため、「基地撤去」の立場をとるかをめぐり長年論争が続けられていた。全軍労にとって、基地を否定することは自分たちの生活基盤を否定することでもあったからだ。それが、1969年2月、B52戦略爆撃機の撤去などを求めて計画されたゼネラル・ストライキ（ゼネスト、後述）が回避された後、「基地撤去」を方針として掲げるようになる。基地の維持を前提とした復帰を前に、「反戦」や「平和」が問われたのだ。

浮上する「暮らし」と「戦争」

反復帰論が批判したように、復帰思想を「日本人」意識に力点を置いてのみ理解してよいものだろうか。というのも、そこでの「問い」には、「暮らし（生活）」と「戦争」という要素が含まれていたからだ。

1960年代後半において、復帰自体への支持は政治的な立場に関わらず多かったが、その進め方をめぐっては認識が二分されていた。それは、核兵器の持ち込みや基地使用をめぐる条件を認めず、ただちに復帰することを求める「即時復帰」の方向と、暮らしの問題を重視し、経済的な不安から「即時復帰」に反対する立場の２つであった。後者の立場は、段階的な復帰を望み、沖縄の政治・経済をまずは日本本土と一体化させることを優先させた（後に日本政府の「一体化政策」として実現）。

一方で、1967年7月に行われた琉球新報の世論調査では、米軍統治に対して不満に感じている者が50％を超えていた。その理由のトップは、「人権を無視している」であり、基地の存在になんらかの不安感を持つ者はさらに多く75％にも及んでいた。

この背景には、在沖海兵隊がダナンに上陸した1965年以降のベトナム戦争の激化があった。「黒い殺し屋」と呼ばれ、沖縄を拠点にベトナムへの空爆を行うB52が沖縄に常駐したのは1968年2月だが、この時期には、日常的に弾薬を運搬する車両が行き交うなど「生活に戦争が入り込む」と新聞紙上でも表されていた。だが、常駐当初からB52撤去運動が行われたものの、同年11月には、行政を担った琉球政府の主席（現在の県知事）を公選する選挙を控えていたため、その動向により関心が集まった。主席公選を求める運動は、1960年代を通して自治権拡大を目的に取り組まれ、復帰運動の重要な一部分でもあった。

事実上の一騎打ちとなったこの選挙では、候補者の「基地への態度」も問われるなかで保革対立も鮮明になっていった。一方の沖縄自民党が推した西銘順治（にしめじゅんじ）の陣営は、基地がなくなれば「戦前のようにイモや魚を食い、ハダシで歩く生活に逆戻りする」という「イモ・ハダシ論」（コラム11）を盾に、暮らしの重視を訴えた。対する屋良朝苗（やらちょうびょう）陣営は、復帰協路線を踏襲し「即時復帰」と「基地反対」を主張していた。選挙戦では、日本本土の政党・団体との連携も密になり、保革の両陣営とも大物政治家や文化人・タレントの協力も得たが、政党色を前面に出さず応援歌の募集やシンボルカラーの浸透を図った屋良陣営に軍配があがった。

復帰や米軍基地の認識をめぐり、分断や対立の渦中にあった沖縄において、主席選挙のわずか一週間後、1968年11月19日未明に起こったのがB52爆発事故であった。復帰が次第と具体化していく時期、「暮らし」と「戦争」という「問い」が切実なものとなったのである。

「生命を守る」という要求と沖縄戦体験の存在

爆発事故後に展開されたB52撤去運動は、復帰運動の流れをくんだものだったが、地域社会から発せられた「生命を守る」という要求が運動の広がりを支え、ゼネストの実施までもがめざされた。

とりわけ、事故現場に隣接し、直接被害を被った嘉手納(かでな)村（当時）では、住民だけにとどまらず、地域を代表していた保守系政治家も撤去運動に駆り立てられた。主席選挙に先立つ1968年8月の村長選挙にて、沖縄自民党から出馬し当選した古謝得善(こじゃとくぜん)は、B52の爆発炎上を受け、次のように怒りをあらわにしていた。「私はたしかに政党人で、しかも保守系だが、なにもロボットではない。村民に背は向けられないよ。B52をどけるために効果があれば、村民大会もやるし、ほかの集会にでも参加する」（『沖縄タイムス』1968年11月23日）。

「保守系」を自認し、日本政府の基地維持政策を容認して当選した「政党人」たる古謝を突き動かした「死の恐怖」。その事故の衝撃は、周辺集落の窓ガラスを割り、壁に破片を突き刺すほどの爆発にとどまらず、恐怖から精神的にダメージを受けて喋れなくなる住民も存在した。また、核兵器の搭載も可能な爆撃機であったため、現場周辺にたちこめたキノコ状の雲は核爆発をも連想させた。事故直後の村民大会では、「イモ・ハダシ論」を拒否し、「この事故で、われわれはイモを食べてもよいから、戦争の不安のない安全な生活がしたい」という訴えもなされた。

そして、これらの地域的な動きは、復帰運動を支えた組織にも影響を与えた。事故から三日後の11月23日には、復帰協と2つの原水協（社会党系と人民党系）が代表者会議をもち、共闘組織となる通称「生命を守る県民共闘会議」の発足を確認し、「島ぐるみ闘争を展開する」ことを掲げた（復帰協参加団体の48団体を大きく上回る139の団体・組織が参加）。この運動は、共通目標の達成のためにゼネストという方針をとり、基地内の労働者を巻き込みながら、翌年2月4日のゼネスト実施に向けた準備が行われた。当時、ゼネストを主導したのは労働組合であったが、組合員らが市場や職場を周りゼネストへの支持を呼びかけ、また、ゼネストに批判的であった経済界に対しては「生命を守る」という目的を強調し、「一日、台風がきたと思えばいい」と説得した。

ただ、ゼネストは、結果的に革新側から切り崩され、未発に終わった。ゼネストが回避された理由には、屋良主席からのゼネスト回避の要請と全軍労の組織的な離脱の二つがあった。屋良主席は、ゼネスト決行による「不測の事態」を回避するため、1月末から日本政府に対しB52撤去のための対米交渉を求めていたが、撤去時期についての感触（確証はなかった）を得たとし、「ゼネスト回避要請書」を県民共闘会議に提出した。発足したばかりの革新県政の運営を優先した対応となったのである。また、全軍労の組合員に対しては、米軍側がゼネスト参加による解雇をちらつかせ、スト不参加の署名の強要を進めるなど、切り崩しがなされた。基地労働者のゼネスト参加は、基地機能を麻痺させると期待されていただけに、全軍労の組織的離脱は大きな影響を与えた。

沖縄現代史の研究者にして運動の伴走者であった新崎盛暉（あらさきもりてる）は、ゼネストを「戦後沖縄闘争の総決算」（『戦後沖縄史』）と評したが、復帰に託された「基地なき平和な島」の希求には「生命を守る」という根源的な要求が含まれていたことを端的に示す出来事であった。また、ゼネスト回避は、基地や米軍統治への反発の大きさだけでなく、復帰運動内の亀裂や運動の弱さを示すものでもあった。そのため、回避後、日米主導の基地を維持したままの沖縄返還交渉が一気に加速していったのである。

最後に、反復帰論の盲点として復帰と沖縄戦体験の関わりについても触れておきたい。先に「日の丸」を振って復帰を求めたことへの反復帰論からの批判を取り上げたが、果たしてその行為を「日本人」意識によるものとだけ理解してよいのだろうか。1960年代後半に「一般戦闘協力者」への戦没者叙勲を進めるため、琉球政府援護課によって戦争体験の調査が行われていた。NHKドキュメンタリー『沖縄の勲章』(1969年)はその様子を描いているが、そこで映されるのは、暮らしていくための経済的な補償の必要性と、それぞれが目にした沖縄戦の実態を語れぬ苦悩の表情であった。そこには、「勲章」を「日本人」として喜ぶ沖縄住民の姿はなく、複雑な面持ちで援護金と抱き合わせの「勲章」を静かに受け取る人々の姿があった。戦争体験の聞き取りが本格化するのは復帰後だが、「日の丸」を振る、「勲章」を受け取るという行為に見え隠れする、沖縄戦体験も忘れてはならない。

復帰が「未完」であり、反復帰論の指摘した危うさが存在するとしても、そこでの「問い」の厚みと沖縄住民が希求した理想に目を向け、現在へとつながる出来事として復帰は捉える必要があるのではないか。

【参考文献】

秋山道宏『基地社会・沖縄と「島ぐるみ」の運動—B52撤去運動から県益擁護運動へ—』(八朔社、2019年)
新川明『反国家の兇区—沖縄・自立への視点—』(社会評論社、1996年)
新崎盛暉『戦後沖縄史』(日本評論社、1976年)
小松寛『日本復帰と反復帰—戦後沖縄のナショナリズムの展開—』(早稲田大学出版部、2015年)

Column 11

イモとハダシ

―自立と依存を考える―

「イモとハダシ」と聞いてみなさんが連想するものはなんだろうか。琉球沖縄の近現代史において、救荒作物(きゅうこうさくもつ)であった「ソテツ」とならび「イモ」は貧しさを象徴するものであった。そして「ハダシ」もまた「靴も履けないような生活」を貧困と結びつけるものである。

「イモ・ハダシ論」として沖縄戦後史で語られる、この2つの貧しさの象徴は、1968年8月に行われた嘉手納(かでな)村長選挙において、沖縄自民党の候補であった古謝徳善(こじゃとくぜん)(村助役)に対して西銘(にしめ)順治(復帰後の沖縄県知事)が行った応援演説に端を発するとされている。そこでの発言の趣旨は、米軍基地がなくなることがあれば「戦前のようにイモや魚を食い、ハダシで歩く生活に逆戻りする」というものであった。

「イモとハダシ」という表現の直接的な端緒は、同年7月のフェルディナント・T・アンガー高等弁務官による米下院歳出委員会での発言にあった。ただ、そこで示された基本的な発想は、沖縄社会のなかからすでに提示されていた認識を統治の論理として語り直したものであった。1967年秋頃から、日本復帰のあり方が問われるなか、暮らしや生活水準の問題を重視し、経済的な不安から「即時復帰」に反対する立場をとる住民が「即時復帰反対協議会」を結成して運動を進めていた。この運動は、翌年6月末の「沖縄住民の生活を守る会」の結成に引き継がれ、革新勢力を中心とする復帰運動を正面から批判しつつ、「基地撤去に反対し、暮らしを守ろう」や「暮らしは基地経済で豊かに」というスローガンを掲げて進められた。

これに呼応するように、8月19日には、経済界からも「即時基地撤去反対」の決議が出され、「即時基地撤去が多くの失業者を出し、経済不況をきたし、住民生活を混乱に導く以外なにものでもない」と主張されることになる。

このような気運のなか、社会的な争点として「イモ・ハダシ論」が浮上したのは嘉手納での選挙結果をめぐるメディア上の論争であった。この選挙では、候補者の「基地への態度」が問われたが、革新共闘会議の推す平安常慶（ひらやす）（平安病院事務長）だけでなく、自民党の古謝も基地被害の除去を掲げていた。そのため、生活水準の向上や経済対策を積極的に打ち出した古謝に軍配があがることになった（約93％の投票率、1100票以上の差）。この古謝の当選という結果は、基地被害への態度からしても、単純な基地賛成や容認とは断定できないものであったが、それに反して社会的な反応は「イモ・ハダシ論」の枠内で選挙結果を解釈しようとした。

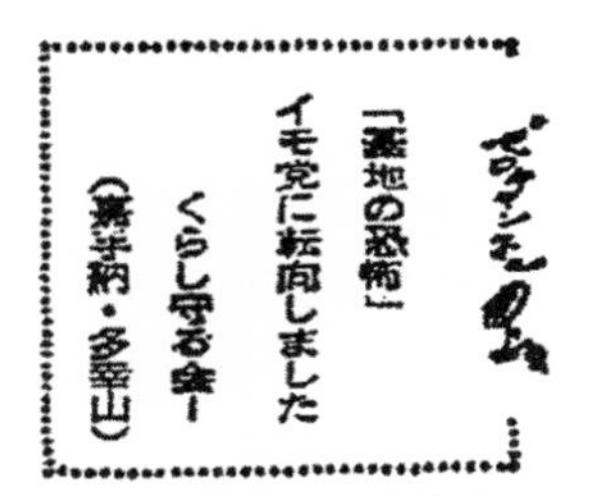
「基地の恐怖」
イモ党に転向しました
くらし守る会ー
（嘉手納・多幸山）

図61　B52爆発事故後に「イモとハダシ」を批判した新聞投稿
（『沖縄タイムス』1968年11月21日）

特に対照的だったのは地元2紙の社説である。一方の『琉球新報』は、保守系の候補であっても「“基地賛成”ではない」と指摘し、「基地へ賛成か反対か」に集約できない村民感情を「沖縄の心のもつヒダの複雑さ」として表現していた。

これに対して『沖縄タイムス』の社説は、「食べなければならない」という意味での生活の重視を基地容認と結びつけ、「イモ・ハダシ論」の枠組みのもとで選挙結果を解釈しようとした。

そして、この対立の別の現れとして、紙上の読者投稿では、村外から寄せられる批判への村民の苛立ちも語られた。ある投稿は、古謝を村長に選んだことを「自分が苦しむ基地公害をなくすると同時に殺さないための基地撤去でなくてなんであろう。…一体化とか本土並み縮小とかいうのはごまかしで大き（マ）くて（マ）も殺人の機能に変わりはないのだ。しかし、嘉手納村民は半数以上が基地を容認したかたちとなった」（『琉球新報』1968年8月30日付）と批判した。これに対し、嘉手納村民からは次のような反論がなされた。それは「村民は、基地をいつまでも置けとは言っていません。…一体化は今の沖縄には絶対必要であると信じます。私どもは生きています。生活しなければなりません」(『琉球新報』1968年9月3日付)というものであった。「イモ・ハダシ論」は、このような社会的な対立や分断を生みつつ、11月の主席選挙の争点にまで浮上したのである。ただ、この選挙後に起こったB52爆発事故のような生命への「恐怖」は、「イモとハダシ」の捉え方にほころびを生じさせ、基地と人々の生活が両立しないことを突きつけてきた(199頁参照)。

最後に、現代の沖縄社会と結びつけて重要な点は、基地の拒否が「イモとハダシ」の生活水準に実際に戻るかどうか、という現実性や具体性にはない。むしろ、基地の撤去・縮小の主張が、貧しさ(貧困)を呼び寄せるものと恐怖させ、沖縄社会に分断を持ち込む統治の論理として働いている点が重要だろう。基地と振興策の「リンク論」も根強く残るなか、「イモとハダシ」はいまだ過去のものではない。

【参考文献】

秋山道宏『基地社会・沖縄と「島ぐるみ」の運動―B52撤去運動から県益擁護運動へ―』(八朔社、2019年)

鳥山淳編『イモとハダシ―占領と現在(沖縄問いをたてる5)―』(社会評論社、2009年)

6

米軍基地と自衛隊

沖縄米軍基地の構築

2021年の沖縄県の資料によれば、沖縄には1万8697ha、33施設の米軍基地が存在する。それは、沖縄県の県土面積の8.2%、沖縄本島の面積の14.6%を占めている。米軍基地のうち、米軍が管理しもっぱら在日米軍によって使用される基地のことを特に米軍専用施設と呼ぶが、沖縄には、在日米軍専用施設面積の70.3%が集中している。日本の国土面積の0.6%に過ぎない沖縄に、なぜこれほどの米軍基地が存在しているのだろうか。

沖縄に米軍基地ができるきっかけとなったのは、アジア太平洋戦争末期の沖縄戦である。1945年3月以降、米軍は沖縄に侵攻するが、その目的は沖縄に日本本土を攻撃するための基地を構築することだった。4月1日、米軍は沖縄本島中部に上陸し、その後南下しながら、もともと日本軍が使用していた基地を拡張し使用するとともに（嘉手納(かでな)基地など）、住民が生活していた集落を破壊して普天間飛行場などを建設していく。

アジア太平洋戦争が終結すると、日本本土に侵攻するために作られた沖縄の米軍基地はもはや不要になったはずだった。ところが、戦後まもなくアメリカとソ連が世界中で対立し、冷戦が始まる。アメリカは、沖縄をソ連はじめ共産主義陣営に対抗するための重要な軍事拠点と位置づけ、日本本土から切り離して支配しようとしていく。1950年に勃発した朝鮮戦争では、沖縄から米軍が北朝鮮へ出撃した。
一方、日本政府内でも、冷戦が開始される中で、日本の安全保障のためには米軍の沖縄駐留は必要だとする考えがあった。1947年9月には昭和天皇がアメリカ側に対し、日本の安全保障のため長期間の米軍の沖縄占領を希望すると伝えている（「天皇メッセージ」）。

米軍基地の集中

敗戦後、連合国軍によって占領されていた日本は、1951年9月に調印されたサンフランシスコ講和条約によって国際社会に復帰する。その一方で、同条約第３条により、沖縄を含む北緯29度以南の南西諸島や小笠原諸島を含む南方諸島などは、引き続きアメリカが統治することになった。米政府は、軍事目的から沖縄を支配しようとする一方で、沖縄への主権の維持を求める日本政府に配慮するとともに、国際社会からの批判を回避しようとした。そのため、沖縄には日本の「潜在主権」が残されることになる。
講和条約調印と同じ日、日米安全保障条約が結ばれ、講和後も日本には米軍が駐留し続けることになった。日米安保の下、日本は米軍に基地を提供することで安全保障を確保しようとしていく。講和直後には、日本本土には巨大な米軍基地が存在し、その面積は約13万5000haにのぼり、沖縄の米軍基地面積約1万6000haの約8倍もあった。
もっとも、講和後も巨大な米軍基地が存在し、日本全国で米軍による事件・事故が絶えなかったことから、日本国内では基地反対運動が盛り上がった。一方、米政府も、1953年の朝鮮戦争休戦後、戦略を見直し、軍事費削減などのため日本本土の米軍を削減していく。
これに対して、沖縄は、アメリカ統治下にあって米軍が自由に使用できることからますます重視されていく。沖縄では、米軍が強制的な土地接収を行い、基地を拡張した。1955年以降は、日本本土に駐留していた海兵隊が沖縄に移転する。また同じ頃、沖縄に核兵器が配備され、これ以降、沖縄は約1200発もの核兵器が配備され、「極東最大の核貯蔵庫」と呼ばれた。

この間、米軍による土地の強制接収や軍用地料の一括払い方針への反発から、沖縄では「島ぐるみ闘争」と呼ばれる抵抗運動が展開された。しかし、米政府は、軍用地料の一括払いの見直しなど政策を一部変更したものの、基地の拡張を続けていく。

こうして1950年代に日本本土の米軍基地が削減される一方で沖縄の米軍基地が拡大することで、日本本土と沖縄の米軍基地面積は、1960年代には同規模になり、沖縄への米軍基地の集中が進んだのである。

沖縄返還と米軍基地・自衛隊基地

1965年以降、アメリカはベトナム戦争に本格的に介入した。ベトナム戦争において、沖縄は出撃や補給、訓練の拠点として米軍にとって重要な役割を果たした。しかし沖縄では、ベトナム戦争の拠点とされていることへの反発が高まった。

同じ頃、1964年に日本では佐藤栄作(さとうえいさく)政権が発足し、沖縄返還に取り組んでいく。日本政府にとって、沖縄返還は、戦争によって失った領土の回復という意味があった。また、1970年に期限を迎える日米安保条約の延長のために、沖縄返還問題を解決する必要があった。

同じ頃、米政府も沖縄返還について検討を開始した。米政府の狙いは、沖縄を日本に返還することで、日米関係を安定化させ、沖縄を含めた日本の米軍基地を維持することであった。さらに、沖縄返還を通して、高度成長を実現した日本にアジアへの援助を増大させ、アメリカの冷戦戦略上の負担を分担させることも目指していた。

1967年11月の日米首脳会談で、「両三年内」に沖縄返還の時期を決定することになり、沖縄返還問題は進展する。また沖縄では、1968年

11月、初の琉球政府行政主席公選が行われ、「即時無条件全面返還」を唱える屋良朝苗（やらちょうびょう）が当選し、沖縄住民の日本復帰への強い意思が示され、日米両政府に衝撃を与えた。

こうして1969年に入って本格化した沖縄返還をめぐる日米交渉では、返還後の沖縄米軍基地のあり方が最大の争点となった。アメリカ側が沖縄基地の自由使用の継続を求めたのに対し、日本側は沖縄からの核兵器の撤去と沖縄への日米安保条約の適用という「核抜き・本土並み」返還を求め、両者は鋭く対立したのである。

交渉を経て、1969年11月、日米首脳会談で1972年の沖縄返還が合意された。そこでは、沖縄からの核兵器の撤去や沖縄への日米安保条約の適用が認められた。もっともその背後で、緊急時には沖縄への核兵器の持ち込みを認めるという「核密約」や、日本側が多額の財政負担をアメリカ側に支払うという「財政密約」などが結ばれている。

1972年5月15日、沖縄返還が実現する。この頃、アメリカの戦略見直しや日本国内の都市化の進展などから、日本本土の米軍基地が大幅に削減された。その一方で、沖縄の米軍基地はほとんど維持され、その結

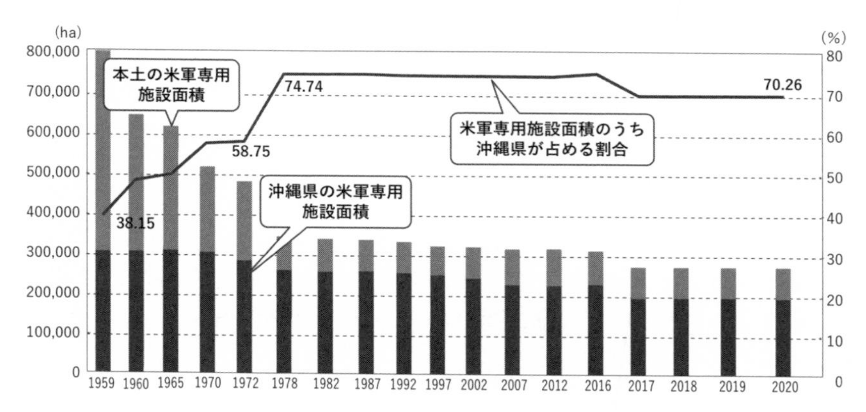

図62 日本の米軍専用施設面積と沖縄県が占める割合の推移
（沖縄県『沖縄から伝えたい。米軍基地の話。』令和2年）

果、沖縄返還の前後で、在日米軍基地の約3分の2が沖縄に集中するという構図が形成されたのである。

なお、沖縄返還とともに沖縄には自衛隊が配備される。沖縄返還に伴い、沖縄防衛は日本の責任とされたからである。しかし沖縄では、沖縄戦における旧日本軍の行動への反発から自衛隊配備に反対の声が上がった。沖縄に配備された自衛隊は、沖縄戦時の不発弾の処理や離島の患者の緊急搬送などを通して、徐々に地元の理解を得ようとした。

普天間返還問題の迷走

1989年、冷戦終結が宣言されると、沖縄では米軍基地の縮小への期待が高まった。しかし、冷戦終結後も、アジアでは北朝鮮の核兵器開発など、安全保障情勢は厳しいままだとして、引き続き米軍は維持される。また日米両政府は、日米安保はアジア太平洋の安定と繁栄の基礎だと意義づける「日米安保再定義」の作業に取り組んだ。

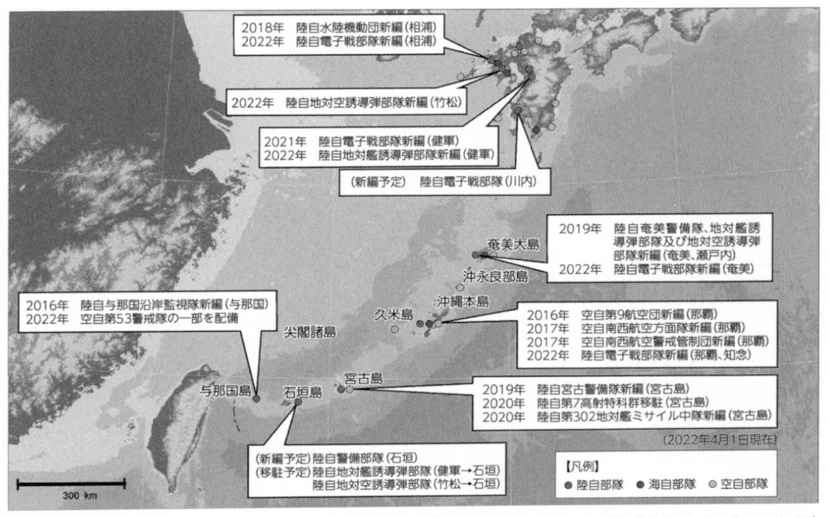

図63 九州・南西地域における主要部隊新編状況(防衛省・自衛隊『防衛白書』令和4年版)

1995年9月には、沖縄で3人の米兵が女子小学生を暴行するという事件が起こる。この事件への怒りから、翌月、約8万5000人が参加する県民大会が行われ、米軍基地の整理縮小や日米地位協定の改定などが決議された。

沖縄県民の怒りを鎮め、米軍基地の安定的維持を図るべく、日米両政府は「沖縄に関する特別行動委員会（SACO）」を設置し、基地の整理縮小や日米地位協定の運用改善に取り組んだ。さらに1996年4月、日米両政府は、宜野湾市の街の中心にあって危険性が指摘されていた普天間飛行場の返還に合意する。

もっとも、普天間飛行場の返還は、県内移設が条件であった。早い段階から、普天間飛行場の移設先は、名護市辺野古とされた。しかし、地元の反対から、移設はなかなか進まなかった。2004年8月12日には、沖縄国際大学に米軍ヘリコプターが墜落するという事件が起こり、普天間飛行場の危険性が現実のものとなる。日米両政府による在日米軍再編協議を経て、2006年5月、普天間飛行場の代替施設として辺野古に2本のV字型の滑走路を持つ施設が合意された。

2009年に政権交代によって発足した鳩山由紀夫政権は、普天間飛行場の辺野古移設計画について「最低でも県外」へと見直す意向を示し、沖縄では期待が高まった。ところが、米政府のみならず、日本政府内の官僚、国内マスコミからの批判が高まり、代替案をまとめることができないまま鳩山政権は辺野古移設計画に回帰する。これに対して沖縄県民は失望するとともに怒りの声をあげたのである。

日中・米中対立と沖縄

この頃、中国は急速な経済発展を背景に、軍事力の増強と海洋進出を積極化させていた。こうした中で尖閣諸島をめぐる日中対立が激化する。2009年9月には尖閣諸島周辺で中国漁船と海上保安庁の巡視船が衝突する事件が起き、2012年9月、日本政府が尖閣諸島の国有化を決定すると、中国は激しく反発、中国公船が尖閣周辺に頻繁に侵入する。

これ以降、日本政府は、尖閣防衛のため、与那国島など南西諸島への自衛隊配備を進めていく。また尖閣防衛に向けて、日本政府は、アメリカとの関係強化を目指し、沖縄の米軍についても重視していく。

2012年に再び政権交代によって発足した第二次安倍晋三政権は、集団的自衛権の行使容認など、アメリカとの安全保障関係の強化によって中国に対抗しようとした。そして沖縄についても普天間飛行場の辺野古移設に向けた作業を推進する。これに対し沖縄では反発が強まり、一丸となって辺野古移設計画に反対すべきだという「オール沖縄」という政治勢力が形成され、日本政府と鋭く対立した。2019年2月には、辺野古移設のための埋め立てをめぐる県民投票が実施され、「反対」は投票数の約72%にのぼった。しかし、日本政府は、辺野古移設が「唯一の解決策」として、工事を継続していく。

さらに近年、アジアのみならず世界の秩序の主導権をめぐって、アメリカと中国が対立を深めている。アメリカは、中国の東シナ海や南シナ海での海洋進出や軍事力増強に警戒感を強めており、台湾をめぐっても緊張が高まっている。こうしたなか、沖縄を含めた南西諸島では、自衛隊配備や米軍の訓練が強化されている。

戦後日本の安全保障政策や日米安保において、沖縄は過重な基地負担を担い続けてきた。そのうえ近年では、沖縄は米中・日中対立の「最前線」となっているのである。

【参考文献】

野添文彬『沖縄米軍基地全史』(吉川弘文館、2020年)
宮城大蔵・渡辺豪『普天間・辺野古—歪められた20年—』(集英社新書、2016年)
我部政明『沖縄返還とは何だったのか』(NHKブックス、2000年)

開発と観光
―海洋博から沖縄ブームへ―

復帰から開発へ

1972年5月15日、沖縄は日本復帰を果たした。それはたんなる施政権の移行ではなく、沖縄があらためて日本の国土の一部として、開発の対象になることを意味していた。

同年10月、日本政府は『新全国総合開発計画』（1969年策定）を改訂し、「沖縄開発の基本構想」の項目をつけ加えた。そこで掲げられた日本本土との格差是正、自立的発展の基礎条件整備、基地経済からの脱却・平和経済への移行といった文言は、「祖国復帰」に代わって復帰後の沖縄社会の新たなスローガンとなった。

復帰後、急ピッチで進められた開発は、良くも悪くも沖縄社会を大きく変えた。それは一方で、所得水準の向上、生活・産業基盤の整備、観光・メディアを通じたポジティブな沖縄イメージの普及など、県民に多くの恩恵をもたらした。

他方、開発によって沖縄社会で大切にされてきた多くのものが失われていった。あまりに急激な開発は、自然環境を破壊し、伝統的価値観や人々の絆を衰退させてしまう。住民のなかからは、こうした事態を「沖縄喪失の危機」と捉え、開発にブレーキをかける動きも生じていった。以下、復帰後の開発が沖縄社会に与えた影響について考えてみたい。

基地か、振興か

復帰後の沖縄で「開発」がキーワードになったのには、相応の背景があった。冒頭に紹介した『新全国総合開発計画』は、復帰時点で沖縄が背負っていたハンディキャップについて次のように述べている。

> 壊滅的な戦禍と長期にわたる本土との隔絶、地方財政のぜい弱性、社会資本整備の立ち遅れ、広大な軍事基地の存在、多くの島しょに分散した地形、台風常襲地帯であることなどの諸要因によって今日までその発展に多くの制約を受け、本土との間に著しい格差を生ずるとともに、基地経済に依存した不安定な経済体質を形成するにいたった。

こうした課題は、もちろん占領期から認識されていた。たとえば復帰直前期、琉球政府（米軍当局の管理下に設置された住民側自治機構）は、日本本土市場への足がかりを得ようと沖縄進出に関心を抱いた米国の石油・アルミ・電子工業関係企業を受け入れることで、「基地依存経済」から「平和経済」への移行を図った。しかし、この構想は日本政府の外資政策に抵触したため、その支持を得られず頓挫する。

琉球政府の構想を斥ける代わりに日本政府が提示したのが、先の『新全国総合開発計画』を上位計画とする『沖縄振興開発計画』だった。その法的根拠にあたる沖縄振興開発特別措置法は、沖縄振興開発金融公庫法と沖縄開発庁設置法とあわせて「開発三法」とも呼ばれ、復帰後の沖縄開発の基本的枠組みを形成した。

これらの法の趣旨について、当時総務長官として復帰法制の調整に当たった山中貞則（やまなかさだのり）は、「多年にわたる忍耐と苦難の中で生き抜いてこられた沖縄県民の方々の心情に深く思いをいたし、県民への償いの心をもって事に当たるべき」と述べたうえで、「県民の生活に不安、動揺を来たさないよう最大の配慮を加えつつ、米国施政権下の諸制度からわが国の諸制度への円滑な移行をはかる」ことが第一と説明した。

ところが、「開発三法」が描いた復帰後の沖縄開発構想は、地元沖縄で大きな波紋を呼んだ。1971年には、当時の琉球政府の中堅・若手職員や祖国復帰協議会の有志メンバーを中心に、日本政府と琉球政府上層部で進められる復帰準備の過程をチェックしようとする動きが生じる。その成果は『復帰措置に関する建議書』——いわゆる「屋良(やら)建議書」にまとめられた。

そこで問題とされたのは、復帰後の振興開発体制が沖縄の自治能力を実質的に奪いかねないということだった。建議書の作成に関わった人々が危惧したのは、沖縄開発庁が「第二の民政府〔米軍の民政当局〕」となり、沖縄の自治、とりわけ基地問題についての異議申し立てを封じ込めてしまうことだった。

それは必ずしも杞憂ではなかった。地方自治研究者の島袋純(しまぶくろじゅん)は、復帰後の開発レジームを「沖縄振興開発体制＝基地問題の非争点化システム」と規定している。それは現実に、復帰運動が掲げた人権・自治・平和といった諸目標を「格差是正」へとすり替え、振興予算の多寡は基地問題への態度次第という枠組みのなかで県民を分断する「利益還元政治マシン」として機能しているという。

そうした開発レジームは、復帰後の50年間に改変を重ねてきたが、首長選や国政選挙のたびに県民が〈基地か、振興か〉の二者択一を迫られ、分断を強いられる構図は変わっていない。

基地の島、南の楽園

復帰後の振興開発体制は、基地問題を棚上げにしながらも、着実に県民生活を便利で豊かにしていった。県民所得は復帰後の10年間に約3倍に増えた（ただし全国平均との比較でいえば、6割から7割に改善されたに過ぎず、格差是正という目標は未達の課題となっている）。また、道路や空港、港湾、ダムなど、生活・産業の基盤が急速に整備された。車1台当たりの国道舗装率を例にとれば、復帰時点で全国水準の約44％だったのが、その後10年間で93％にまで引き上げられている。

こうしたインフラ整備を背景に、観光業も著しく発展した。沖縄県の観光収入は復帰時点の320億円から、10年後には1656億円と、約5倍の伸びを記録している。1978年には基地関係収入を凌(しの)ぎ、名実ともに主力産業の地位を確立する。

観光業は、復帰前から沖縄経済の牽引役として期待を集めていた。『沖縄振興開発計画』では、国内唯一の亜熱帯海洋地域という沖縄の特性をいかし、沖縄を観光リゾートへと造成することを謳っている。

その布石として打たれたのが、1975年から本部町で開催された沖縄海洋博覧会（海洋博）だ。海洋博は沖縄経済の「起爆剤」として期待を集めたが、投機的な資金流入による異常な地価・物価上昇、そして開催後には「海洋博倒産」を惹起し、沖縄経済の「自爆剤」とも揶揄された。それでも海洋博は、「南の楽園」としての沖縄イメージを確立するとともに、それにあわせて現実の風景をつくりかえることで、後の観光ブームの下地をつくることになった。

社会学者の多田治(ただおさむ)によれば、青い海と青い空、そして亜熱帯性植物に彩られた国道58号線の風景も、この時期に人為的につくりだされた「〈沖縄らしさ〉のデイスプレイ装置」だった。それに伴い、沖縄は〈基地の島〉と〈南の楽園〉が奇妙に共存する「パラレルワールド」へと変貌していった。

沖縄ブームと沖縄喪失

海洋博とその後の観光ブームは、県民の意識にも大きなインパクトを与えた。たとえば、かつて日本本土に対する「遅れ」とみられ、差別や矯正の対象となされてきた日本本土との違い＝「沖縄らしさ」が再評価されるようになった。それはもはや卑下すべきものではなく、「異国情緒」や、本土で失われた「古き良き時代」の象徴として、ポジティブに捉え直されるようになった。

沖縄人気はやがて観光を超えて、メディア空間にも広がっていった。国内でありながら、どこかアジアやアメリカの影響を感じさせる沖縄の映画や音楽は、徐々に日本のサブカルチャーシーンで地位を確立していく。その後、BEGINや安室奈美恵（あむろなみえ）の登場、中江裕司（なかえゆうじ）監督の映画『ナビィの恋』（1999年）やNHK朝の連続ドラマ小説『ちゅらさん』（2001年）のヒットを経て、沖縄ブームは頂点に達する。

「沖縄らしさ」が全国的に発信され、市民権を得ていく一方で、現実の沖縄社会はそれまで大切にしてきた文化や価値観を失っていった。

復帰後の沖縄では、リゾート開発だけではなく、石油備蓄基地（CTS）やアルミ精錬工場など、大規模な埋め立てや環境破壊を伴う開発計画が次々と持ち上がり、島の風景を塗り替えようとしていた。

復帰直後の1973年、大学教授、新聞社社長、婦人連合会会長など、県内各界の有力者が主義主張を超えて組織した「沖縄の文化と自然を守る十人委員会」は、そうした現状を「沖縄喪失の危機」と呼び、次のように警鐘を鳴らした。

> 二年前までは貧しく、素朴ではあったが、高貴と呼ばれてもいい人情にささえられた人間精神が残っていた。けれどもいまはどうか、物質万能の商業主義はあらゆるものを金銭で評価する銭の世（ジンヌユー）をつくり、金銭で評価できない高貴な人間精神の所産である文化や自然までも営利追求の商業主義の原理によって、軽視無視され、破壊されようとしている。

自然環境の破壊は、単なる観光資源の損失ではなく、人々の絆や価値観を変えてしまう——それが「沖縄の文化と自然を守る十人委員会」の根底的な問題意識だった。同時期には、地域住民を主体とした反開発闘争が県内各地で展開され、「琉球弧の住民運動」というネットワークを形成したが、そこで共有されていたのも、「豊かさとはなにか」という価値観に関わる根底的な問いだった。

そうした問題提起は、復帰後50年が経った今もなお、意味を失っていない。NHKが継続的に実施してきた県民意識調査では、1992年から「沖縄の開発は調和がとれているか」という質問項目が設けられているが、「調和がとれていない」との回答は常に過半数を占めるのに対し、「調和がとれている」という回答は5%内外に過ぎない。

復帰前には深刻な悩みだった水不足も過去のものとなり、大抵のものは近くのコンビニやショッピングモールで手に入る。そんな「本土並み」に便利な暮らしを享受しながらも、多くの県民は心のどこかで開発の行き過ぎを感じ取っているのかもしれない。

2000年に入っても、自然豊かで人情味溢れる〈南の楽園〉というイメージに惹かれて沖縄を訪れる人は後を絶たないが、現実の沖縄社会の変貌――「消えゆく沖縄」（仲村清司）――に対する失望を耳にする機会も増えてきた。街中からアジア的な雑踏感が失われるかわりに、空にオスプレイが舞う光景が当たり前のようになっている。

復帰50年を迎えた沖縄社会は、半世紀間に得たものだけではなく、失ってきたものにも向き合う時期にさしかかっているのではないだろうか。

【参考文献】

上原こずえ『共同の力―1970～80年代の金武湾闘争とその生存思想―』（世織書房、2019年）
沖縄の文化と自然を守る十人委員会『沖縄喪失の危機』（沖縄タイムス社、1976年）
島袋純『「沖縄振興体制」を問う―壊された自治とその再生に向けて―』（法律文化社、2014年）
多田治『沖縄イメージの誕生―青い海のカルチュラル・スタディーズ―』（東洋経済新

報社、2004年）
田仲康博『風景の裂け目―沖縄、占領の今―』（せりか書房、2010年）
『吉元政矩オーラルヒストリー』（政策研究大学院大学COE オーラル・政策研究プロジェクト、2005年）
仲村清司『消えゆく沖縄―移住生活20年の光と影―』（光文社、2016年）

現代沖縄社会の諸相

―人口・家族・労働に注目して―

本章は、人口・家族・労働という３つの領域から主要トピックをとりあげ、現代沖縄社会の諸相を概観する。統計・調査データや各種資料に基づいて、全国と比較しながら沖縄社会の構造的特徴をとらえてみよう。

人口①―人口規模と人口構造

沖縄県の人口は戦後増加の趨勢(すうせい)にある。国立社会保障・人口問題研究所「人口統計資料集（2022年版）」（以下、とくに明示していない場合の統計データは本資料を典拠とする）によると、1940年の56.6万人だった人口は終戦から1950年代前半を中心に急速に増加し、1955年には80万人を超えて日本復帰後の1975年には104.3万人に、2020年現在146.7万人となって日本の総人口の約1.2％を占めている。2020年現在、沖縄の人口増加率は全国で最も高く0.41％（全国-0.32％）である。相対的に高い出生率と低い死亡率を背景に、自然増加率が0.19％と全国（-0.40％）で最も高く、正の値を示す唯一の県となっている。なお、社会増加率も0.22％と全国平均（0.07％）を上回り、東京、神奈川、千葉、埼玉、福岡、大阪に次ぐ高水準にある。

沖縄県の人口構造を年齢別にみると、2020年現在の15歳未満の年少人口割合は16.6％と全国（11.9％）で最も高く、65歳以上の老年人口割合は22.6％と全国（28.6％）で最も低い。15歳から64歳の生産年齢人口割合は60.8%であり、全国平均（59.5%）を上回る。時系列的にみると、沖縄の年少人口割合は戦後1960年の41.6%をピークに低下し、老年人口割合は1955年の4.9%から上昇を続けている。全国同様に人口の少子高齢化が進んでいるが、若い年齢構造を反映し、老年人口指数（15歳から64歳人口に対する65歳以上人口の比率）は37.1%と東京に次いで低い水準にある（全国48.0%）。

人口②—出生率

こうした人口規模および人口構造の変化を特徴づける人口指標の一つとして、ここでは沖縄の出生率に注目する。沖縄県の合計特殊出生率は2020年現在1.83と全国で最も高く、全国平均1.33を上回る（下表）。沖縄県でも全国から遅れること約15年、1990年から合計特殊出生率が人口置換水準を下回り少子化がスタートしている。一方、戦後沖縄の出生率は全国と比べて高い水準で推移しており、日本復帰後の合計特殊出生率は全国一の高さを維持している。

沖縄の相対的に高い出生率の要因としては、人口の若い年齢構造や父系継承の慣習、社会経済状況や子どもへの固有の価値観、育児環境や出生抑制コストの違いなどの関連が指摘されている。意識の面では、結婚したら子どもを持つことが望ましいという価値観が相対的に強く支持されており、理想とする子ども数が全国に比べて多い傾向にある。実態面で年齢別出生率をみると、沖縄は全年齢層で全国と比して高くなっているが、とりわけ10代の若年層の出生率が高く、2020年現在では全国

表 沖縄県と全国の合計特殊出生率の推移(1970～2020年)

	1970	1975	1980	1985	1990	1995	2000	2005	2010	2020
沖縄	…	2.88	2.38	2.31	1.95	1.87	1.82	1.72	1.87	1.83
全国	2.13	1.91	1.75	1.76	1.54	1.42	1.36	1.26	1.39	1.33

「人口統計資料集(2022年版)」(国立社会保障・人口問題研究所)をもとに作成。

2.54‰のおよそ3倍となる7.30‰である。

これまで復帰後の高出生率の一背景として、中絶の相対的な少なさも注目されてきた。歴史的にみると、戦後米国施政権下の沖縄では優生保護法が施行されず、母子保健法の適用も遅れ、中絶や避妊の法的・社会的な利用可能性や家族計画の普及過程および状況が日本本土とは異なっていた。復帰前に沖縄家族計画協会が実施した「第1回全琉家族計画の意識調査」などをみると、沖縄女性の中絶や避妊の実行経験が日本本土と比して少ない傾向にある。一方、「令和2年度衛生行政報告例」（厚生労働省）で日本復帰後の沖縄県の人工妊娠中絶実施率の推移をみると、1975年は全国平均（22.1）を大幅に下回る7.6であったが、近年は全国を上回って推移しており、2020年には全国5.8より高い6.6となっている。

家族①―結婚と離婚

次に、現代沖縄の家族形成と世帯の特徴的動向をみる。沖縄は相対的に結婚や家族に高い価値をおく傾向にあるといわれる。沖縄を一舞台に復帰50年を記念して制作されたNHK連続ドラマ小説『ちむどんどん』や、2001年に放送され人気を博した『ちゅらさん』の主要テーマの1つも家族の絆となっている。主人公はそれぞれ、日本復帰前の沖縄で4人きょうだいの母子家庭（小学生の時に父親と死別）に育った女性と、復帰年生まれで3人きょうだい（長兄は異父きょうだい）の直系家族（父方祖母との三世代同居世帯）で育った女性である。

結婚の動向をみると、沖縄県の婚姻率と離婚率はともに全国と比して高い水準にある。沖縄の婚姻率は1970年代をピークにおよそ減少傾向にあるが、全国と比較すると70年代以降は相対的に高く、2020年現在は5.1‰と東京に次ぐ全国第2位となっている（全国4.3‰）。沖縄県の離婚率は戦後1980年代まで上昇傾向にあり、1985年以降は全国1位の相対的に高い値で推移している（ただし、2002年を除く）。2020年現在の離婚率は2.36‰であり、全国平均1.57‰より高い。

日本復帰後の沖縄は男女ともに晩婚化の傾向にあるが、2020年現在の平均初婚年齢は男性30.0歳、女性29.0歳であり、全国平均（男性31.0歳、女性29.4歳）よりも若い年齢となっている。一方、未婚化の傾向をみると、50歳時の未婚割合を示す生涯未婚率は男性で1950年2.47％（全国1.46％）から2020年29.12％（全国28.25％）に、女性で1950年1.65％（全国1.35％）から2020年19.33％（全国17.81％）に上昇し、全国平均をおよそ上回って推移している。ただし、年齢別にみると若い年齢層では未婚者割合は全国平均を下回っており、2020年の男性30～34歳と女性25～29歳の未婚者割合は、沖縄はそれぞれ48.5％（全国51.8％）、61.2％（全国65.8％）である。

夫婦の国籍（日本・外国）の組み合わせ別の婚姻割合に目を向けてみると、2020年現在、沖縄は夫婦とも日本国籍の割合が全国（97.06％）で最も低く95.23％となっている。夫婦の国籍の組み合わせの特徴として、全国では夫日本・妻外国（1.76％）が妻日本・夫外国（1.18％）を上回るのに対し、沖縄では妻日本・夫外国が3.97％と夫日本・妻外国の0.80％を大幅に上回っている。

家族②―核家族と母子世帯

さて、『ちゅらさん』で描かれた三世代同居世帯は、現代沖縄では実態としては少数派である。沖縄県における一般世帯の家族類型別割合をみると、2020年現在、親族のみの世帯が61.1％（全国60.8％）、単独世帯が37.4％（全国38.0％）、非親族を含む世帯が1.3％（全国0.9％）となっている。親族のみの世帯のうち核家族世帯が55.2％と全体の過半数を占めており、全国平均54.1％を上回る。

一方、『ちむどんどん』で日本復帰前の文脈に描かれた母子家庭は、

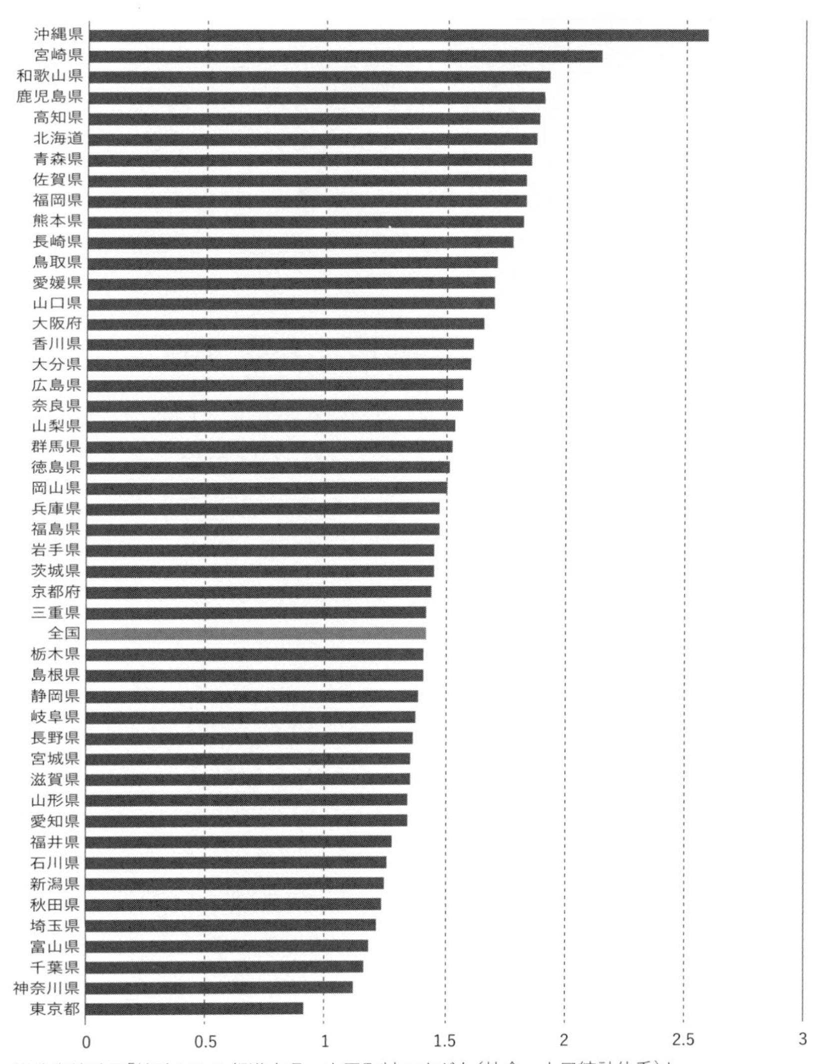

総務省統計局「統計でみる都道府県・市区町村のすがた(社会・人口統計体系)」をもとに作成。母子世帯数／世帯数 ×100 で母子世帯割合を算出。

図64 都道府県別の母子世帯割合(2015年)(%)

沖縄の家族形態の特徴を表す一側面であるといえる。図64にみるように、沖縄県の母子世帯割合は2015年現在2.58％と全国で最も高い（全国1.41％）。また、総務省統計局「統計でみる都道府県・市区町村のすがた（社会・人口統計体系）」によると、母子世帯の子ども数による内訳では、沖縄は3人以上の割合が全国と比して高い傾向にある。なお、沖縄は父子世帯割合も2015年現在0.31％であり、全国で最も高い割合となっている（全国0.16％）。

労働―産業構造、就業形態、雇用のジェンダー構造

最後に沖縄県の労働市場を概観する。産業別就業人口割合の推移をみると、沖縄県の産業構造は全国と比して第二次産業の占める割合が低く、第三次産業割合が高いという特徴をもつ。沖縄県の2015年の第二次産業割合は13.8％（全国23.6％）と全国で最も低く、第三次産業割合は73.5％（全国67.2％）と最も高い値である。第二次産業の内訳については、全国と比べて製造業の割合が低く、建設業の占める割合が高い。

沖縄県の労働力率は、2015年現在で男性70.3％、女性52.7％である。全国と比較すると女性の労働力率は全国平均を上回っている（全国男性70.9％、全国女性50.0％）。失業率は全国と比して男女ともに高く、2015年現在は男性7.5％、女性4.9％である（全国男性4.9％、全国女性3.4％）。沖縄県「労働力調査」で現代の働き方の典型である雇用労働についてみてみると、沖縄県の雇用者数は戦後増加し2019年には男性32.8万人、女性30.1万人となっており、働く男性の80.5％、働く女性の88.8％が雇用者として就業している。また、雇用者総数に占める女性の割合が上昇しており、2019年には47.8％となっている。

就業形態については、総務省統計局「平成29年就業構造基本調査」によれば、沖縄県の非正規雇用労働者の割合は2017年現在43.1％であり全国で最も高い（全国38.2％）。とくに、若年層の非正規雇用の割合が

全国で最も高い値を示しており、15〜24歳が57.5%(全国48.2%)、25〜34歳が38.8%(全国25.5%)となっている。男女別にみると男性27.5%、女性59.8%であり、女性に非正規雇用の割合が高い状況にある(全国男性22.3%、全国女性56.6%)。

全国と比較した沖縄社会の特徴的指標に、沖縄が歩んだ歴史はどのように交錯しているだろうか。参考文献をひもとき、ジェンダーやエスニシティ、社会階層といった差異を内包しながら、沖縄の歴史と社会の構造を織りなす人々の人口や家族、労働をめぐる行為に触れ考察を展開してほしい。

【参考文献】

安藤由美・鈴木規之編『沖縄の社会構造と意識—沖縄総合社会調査による分析—』(九州大学出版会、2012年)

新崎盛暉・大橋薫編『戦後沖縄の社会変動と家族問題』(アテネ書房、1989年)

上間陽子『裸足で逃げる—沖縄の夜の街の少女たち—』(太田出版、2017年)

打越正行『ヤンキーと地元—解体屋、風俗経営者、ヤミ業者になった沖縄の若者たち—』(筑摩書房、2019年)

沖縄地域科学研究所編『沖縄の県民像—ウチナンチュとは何か—』(ひるぎ社、1985年)

岸政彦『はじめての沖縄』(新曜社、2018年)

澤田佳世『戦後沖縄の生殖をめぐるポリティクス—米軍統治下沖縄の出生力転換と女たちの交渉—』(大月書店、2014年)

Nishioka, H. "Effects of the Family Formation Norms on Demographic Behaviors: Case of Okinawa in Japan," (Journal of Population Problems, 50(2): 52-60, 1994)

野入直美『沖縄のアメラジアン—移動と「ダブル」の社会学的研究—』(ミネルヴァ書房、2022年)

情報との向き合い方

―より深い学習のために―

中学校では2021年度から、高等学校では2022年度から新たな学習指導要領に基づく教育がはじまった。この学習指導要領では、「主体的、対話的で深い学び」が唱えられ、課題探究型活動が学習の中心に据えられている。この方向性は、いうまでもなく、「予測困難な時代」を生きることになる子どもたちにとって不可欠な資質・能力をふまえて策定されたものである。

こうした考え方は歴史学習も例外ではなく、従来の「知識注入型」の学習からの転換が求められている。とりわけ、高等学校では従来の歴史系科目が「歴史総合」「日本史探究」「世界史探究」に再編され、時代を理解するために設定した課題に対して、広範な資料に基づいて考察し、その結果を表現することが必要となった。

この結果、学習指導要領の「内容の取扱い」では、課題探究型学習において不可欠な資料について積極的な活用を促し、博物館や公文書館などを調査・見学ことを推奨するとともに、「歴史に関わる諸資料を整理・保存することの意味や意義に気付く」ようにすることや、「専門家や関係諸機関などとの円滑な連携・協働」を求めている。

こうした学習の方向性は、歴史資料や歴史統計に基づき、歴史の事実がもつ意義を検討し、議論する学習を求めている。

戦前期公文書資料の関東大震災による焼失、沖縄戦による多様な資料の焼失などの経験を経て、戦後の沖縄では、各地に残された資料を確認し、証言を含む新たな資料を収集するという役割を担った自治体史・字誌が活発に編纂された。その結果、自治体史や字誌は単なる通史の記述に止まらず、貴重な資料や証言が収録されることとなった。

自らの歴史的記録の喪失を補う代表的な取り組みが、1995年の沖縄県公文書館の開館である。沖縄県公文書館はWeb上での所蔵資料の検索はもとより、資料の一部がWeb上で公開されている。例えば、沖縄県公文書館のWebサイトには「あの日の沖縄」というコンテンツがある。ここには、多様なテーマが設定され、当該テーマに関する説明と、その説明に関係する写真資料や文字資料が掲載されている。これら資料にはリンクが貼りつけてあるため、沖縄県公文書館が所蔵する当該資料のオリジナルを容易にみることができる。

一例を挙げれば、「1945年8月20日「沖縄諮詢会」発足」というコンテンツ（https://www.archives.pref.okinawa.jp/news/that_day/5979）には、沖縄諮詢会（しじゅんかい）の発足に至る経緯の説明とともに、諮詢会委員の写真や諮詢会の会議録などが掲載されており、リンクをたどれば写真掲載されていない会議録の他の部分も読むことが可能である。

また、2007年に開館した沖縄県立博物館・美術館、2018年にリニューアルした沖縄県立図書館、そして那覇市歴史博物館など、県内の博物館・図書館には豊富な資料が所蔵されているのみならず、デジタル化された資料が各館のWebサイト上で公開されている。これに加えて、アジア歴史資料センターや国立公文書館、防衛省防衛研究所などの県外機関のWebサイトでも、沖縄の近現代史に関わる多様な歴史資料を検索、閲覧することができる。

このように、あらゆる情報がデジタル化され、歴史資料もデジタルアーカイブ化されることが通常となった現在、琉球・沖縄の歴史に関する資料にアクセスすることは容易になり、利用者の主体的な活用が可能となっており、先述の学校教育での歴史資料の活用にも十分対応できる環境となっている

ところで、2009年に制定された公文書管理法の第1条には、行政機関の活動や歴史的事実の記録である公文書が「国民共有の知的資源」だと定義されている。国民が主権者として社会との関係を主体的に構築し、社会課題の淵源を確認した上で、解決に積極的に関わる姿勢を教育で育成する観点からも、国民が公文書を活用する環境を整備することは重要である。

そのためにも、行政機関が公文書をきちんと保存し、重要性の高い公文書に

ついては保存部署・機関に移管し、公開・活用に供することが普通のこととなるようなルールの整備が不可欠である。

宜野湾市は2019年に「歴史公文書管理規程」を制定し、個人情報保護などの準備が整った歴史公文書から、宜野湾市立博物館のWeb上で目録を公開し、申請に基づいて当該公文書を公開する体制を整えている。宜野湾市の所蔵する「旧宜野湾村文書」は戦争直後からの公文書が豊富に存在する沖縄県内でも稀有な事例であることから、公開対象資料の拡大が期待される。同時に、他の市町村でも類似の取組みが行われることで、国民の主体的な歴史の学びが促進されることを期待したい。

【本文中で紹介したWebサイト】

沖縄県公文書館　https://www.archives.pref.okinawa.jp/
沖縄県立博物館・美術館　https://okimu.jp/
沖縄県立図書館　https://www.library.pref.okinawa.jp/
那覇市歴史博物館　http://www.rekishi-archive.city.naha.okinawa.jp/
アジア歴史資料センター　https://www.jacar.go.jp/
国立公文書館　https://www.archives.go.jp/
防衛省防衛研究所　http://www.nids.mod.go.jp/
宜野湾市立博物館　https://www.city.ginowan.lg.jp/soshiki/kyoiku/1/2/index.html

【特　論】

沖縄国際大学への米軍ヘリ墜落事故

僕が見たヘリ墜落

2004年8月13日14時すぎ、沖縄国際大学社会文化学科2年次だった僕は中部商業高校向かいの飲食店で昼食をとっていた。昼食を終えて店を出ると、大学方面からものすごい勢いで黒煙が噴き出していた。この時点で何が起きているのか知る術はないが、火の勢いは普通の火事と思えない。煙の高さは5号館をゆうに超え、100mはあっただろう。県警のヘリが上空から「爆発の危険性があります、近づかないでください」とスピーカーで呼びかけ、別の米軍のヘリも現場上空を旋回していた。付近の住民が「ヘリが落ちたらしい」と話しているのを聞いた。

大学前の市道は消防、警察、米軍で埋め尽くされ、警察や米兵が慌ただしく動き回っていた。学内に入ると、図書館前に学生や教員たちが集まっていた。すでに正門から本館一帯にかけて黄色いテープで規制線が張られ、米兵たちが駆け回り、カメラを向ける者には手を向けて牽制していた。僕は大学向かいの住宅地に移り、そこからようやく事故現場らしきものを見た。木々に囲まれて見えづらいが、「ぐちゃぐちゃになった何か」が本館の窓際に横たわっていた。事故発生から2時間かけてようやく何が起きたのか知ったのだが、その後も現場は慌ただしく消火活動を続けていた。

空を舞う米軍ヘリの実態

事故機であるシコルスキーCH-53Dシースタリオンは、海上の艦船から陸地へ兵士や車両、物資などを運ぶ大型輸送ヘリである。機体後部に人員や貨物を積み込む大型ドアを備え、3.6トンの貨物または最大55名の武装兵を空輸できる。胴体長26.97m、メインローター直径22mはヘリとしてはかなり大きい。たとえば62人乗りの大型観光バスは全長12m程度だから、その巨体ぶりがわかるだろうか。

図65 大学方面から噴き上がる黒煙
(2004年8月13日14時30分頃、中部商業高校付近にて筆者撮影)

事故機は1970年から使われ続けている老朽機である。とはいえ、今回の事故原因自体は尾部のテイルローターを固定する「コッターピン」の留め忘れという初歩的な整備ミスにあった。テイルローターが固定されていないために飛行中に激しい振動を起こし、負荷を与えられ続けた機体尾部が破断してテイルローターごと我如古(がねこ)公民館そばの茂みに落下、機体も大学に墜落したのである。ヘリの異常飛行は琉球大学付近の市民や中部商業高校で部活中の高校生、沖縄国際大学でサークル活動中の学生らにも目撃されている(『琉球新報』2004年8月21日朝刊)。僕もちょうど、昼食中のこの時に「空を舞っているゴミ袋のような」ものを目にしているが、空中に散らばっていく機体だったのだろう。少なくともテイルローターを失った時点でヘリはコントロールできないはずだが、ワスコー在日米軍司令官はむしろ「乗員3名が人的損害を避けようとヘリをコントロールした」と讃えた(『琉球新報』2018年1月11日)一方、米軍は整備ミスを行ったとして整備員を処分した。では、このようなミスが発生するような米軍の体制はどうだったのだろうか。

2003年3月から米国はイラクでの軍事侵攻を続けており、沖縄からも海兵隊部隊が次々と派遣されていった。事故機もイラクへの派遣が決まっており、現場は激務を強いられた。もともと整備の現場では人手不足な上に未熟な整備員もおり、普段から「裏マニュアル」まで作って規定の手順を省いた手抜き整備が常態化していた。整備ミスを引き起こす体制の問題がすでにあったわけで、これでは老朽機であれ新造機であれ無事に飛べないはずである。

事故機は琉球大学上空から普天間飛行場を目指した。学校や病院、住宅が密集する市街地の上空でコントロールを失い、いくつもの破片を散らしながら沖縄国際大学の本館に衝突して墜落、炎上した。夏休みといえども大学にはゼミや講義やサークル活動のために多くの学生が集まっていたし、周辺は何万何千の住民が生活している。住民や学生側に死傷者がいなかったのは奇跡というべきか、あるいは私たちの「日常」がその奇跡に頼っているというべきか。

米軍が「占領」した事故現場

事故後の慌ただしさは大学だけではなかった。周辺に散らされた破片が車両や住宅を損傷させ、昼寝中の親子がいる部屋へ飛び込んだ破片もあった。乗用車ほどの長さがあるメインローターの一部もあった。沖縄県警によれば、8月19日までに建物17ヵ所、車両33台などに被害があったという（『沖縄タイムス』2004年8月20日朝刊）。さらに、もともと交通量が多い大学前の市道が封鎖されたために周辺の狭い生活道路へ車が流れ込み、ひどい渋滞が起きた。

一方の事故現場には、異変に気付いた普天間飛行場の米兵らが駆けつけていた。大学の西約600mには普天間飛行場第2ゲートがあるが、最初に駆け付けた米兵らはゲートを通らずに基地のフェンスをよじ登って駆け付けた。米兵らは現場周辺を黄色のテープで囲み、集まった学生や住民を退けた。宜野湾市の消防隊、続いて米軍の消防隊が消火活動を始めたが、鎮火後、米軍は宜野湾市消防による現場調査を拒み、事態を把握したい大学関係者や地元市長、沖縄県警も現場に近づけなかった。本館前には米軍の仮設テントが置かれ、米軍関係者（と、彼らがオーダーしたピザ店）以外は立ち入れないという「米軍占領」の状態となった。ようやく14日午後7時になって学長の本館立ち入りが3分だけ認められ、15日には沖縄県警による現場での撮影が認められたが、現場検証は拒まれ続けた。

16日に事故機の撤去作業が始まった。この時、撤去作業に支障を来すとして現場一帯の樹木が米軍によって伐採されたが、持ち主である大学へは口頭で説明するだけで承諾は待たなかった。学生や住民はもとより大学職員や沖縄県警さえも現場の詳細を知る術がないまま、19日昼過ぎまでに事故機はトレーラーで普天間飛行場に運ばれて現場は片付けられてしまった。沖縄県警の現場検証が始まったのはそれからである。

米軍は沖縄県警の現場検証を拒否した理由について「日米合意に基づいたもの」と説明した(『沖縄タイムス』2004年8月17日夕刊)。確かに米軍機の事故に米軍が責任を持つのは当然であろう。しかし事故現場であるその大学の責任者や地元警察を排除し、大学の財産である樹木を勝手にできるところまで米軍は認められているのだろうか。現場を視察した荒井外務政務官は「米軍が主権を持っているような状況はおかしい」と問題視(『琉球新報』2004年8月15日朝刊)、沖縄弁護士会も「米軍に日本国内で強制的に日本国民の権利を制限する警察権まで与えたものではない」と指摘した(『琉球新報』2004年8月19日朝刊)。民間側にとっての一大事に対して日本側が関与できない/しないまま、米軍による「占領」ともいうべき状況が続いたが、これら米軍の対応につい

図66 大学本館前に横たわるヘリの残骸
(2004年8月15日、筆者撮影)

て、政府は「日米地位協定の枠内に則ったもの」とした（9月6日国会沖縄及び北方問題に関する特別委員会）。

さて、事故処理中の18日には防護服姿の作業員らが放射線測定器を手に現れた。放射線物質や有害物質による汚染が疑われたが、9月3日になって在日米国大使館は、CH-53が搭載する装置に放射線物質ストロンチウム90が使われていたと発表した。これはローターの異常を感知する装置で、「6個ある装置のうち5個は回収したが、1個は燃焼あるいは溶解によって気化した可能性のため回収できなかった」という。防護服姿の作業員はこの容器の回収に当たっていたと考えられる。

のちに県、大学、米軍によって行われた土壌・水質・大気の調査ではいずれも「著しい汚染は見られない」としたが、事故機が衝突した本館外壁そばの土壌だけはストロンチウム90が高い濃度を示した。率直に考えれば事故によるものと解されるはずだが、米軍は「事故以前から高濃度のストロンチウム90があった可能性もある」として事故との関係性を避けた。結局、米軍が現場を片付けてしまったために、私たちの日常の健康にかかわることさえ明らかにできないでいる。

8月20日、普天間飛行場のヘリが一斉に飛び立った。イラク方面への派遣を急ぐ米軍がヘリの飛行を再開させたのである。22日、6機のCH-53が他のヘリとともにホワイトビーチに停泊する強襲揚陸艦（きょうしゅうようりくかん）エセックスに向かった。事故原因の究明や安全策や被害への補償などの議論も待たぬまま、軍事作戦がすべてに優先されたのである。

事故の「記憶」の共有と「壁」の保存運動

いうまでもなく事故は人々に大きな衝撃を与えた。地元紙は当日に号外を出し、その後も「日米合意」というベールに包まれた事故の真相追及を試みた。県内各市町村の議会も抗議決議を出した。9月5日には宜野湾市や大学などが共催する市民大会が大学グラウンドで開かれ、学生や市民が会場を埋め尽くした。事故を知り、問い、共有する動きはその後も大学、市民の間で広がっていった。

その中で「壁」の保存の声も上がった。米軍によって片づけられた事故現場において、深く鋭く刻み付けられた傷と炎上によって黒く焼き付けられた本館外壁は我々に残された「証人」そのものである。各地の戦争遺跡が「記憶の場」として注目されてきたように、「壁」もまたヘリ墜落事故の、さらには基地と隣り合う生活、そして戦後の「基地オキナワ」を問う場になる可能性があったし、「壁」を失うことによる「記憶の風化」の懸念も出始めていた。学生による「壁」の保存に向けた署名活動やシンポジウムなどが開催され、現場の保存の必要性や具体的な方策も示されていた。

しかし大学当局は安全面や費用、大学運営の機能回復を理由として「壁」保存に難色を示した。事故から11ヵ月後の2005年7月、建て替えに向けて本館の解体が始まり、「壁」はとりあえず3分割され建物から取り外された。今もモニュメントに残る「壁」はその一部である。ただし壁が設置された場所は元の場所とも向きとも一致しない。15年が経ち、あれだけ強く焼き付けられた壁の黒焦げもすっかり雨風に洗い流されてしまった。事故の現場は大きく変わったが、事故が露わにした「基地オキナワ」の問題は未だ変わっていない。

【参考文献】

『琉球新報』
『沖縄タイムス』
黒澤亜里子編『沖国大がアメリカに占領された日』(青土社、2005年)
伊佐真一朗「ぼくの大学に『CH53Dヘリ』が落ちた」『沖縄平和ネットワーク会報第45号』(沖縄平和ネットワーク、2004年)

執筆者紹介

宮城弘樹（みやぎ　ひろき）

1975年／沖縄国際大学総合文化学部准教授（Ⅰ－1・3、Ⅱ－1・5、コラム2）

『琉球の考古学―旧石器時代から沖縄戦まで―』（敬文舎、2022年）

『沖縄の水中文化遺産―青い海に沈んだ歴史のカケラ―』（共著、ボーダインク、2014年）

新里貴之（しんざと　たかゆき）

1971年／沖縄国際大学総合文化学部准教授（Ⅰ－2、コラム1）

『沖縄　フェンサ城貝塚の研究』（共著、鹿児島大学国際島嶼教育研究センター、2018年）

『琉球列島先史・原史時代における環境と文化の変遷に関する実証的研究　研究論文集』（共著、六一書房、2014年）

深澤秋人（ふかざわ　あきと）

1968年／沖縄国際大学総合文化学部教授（Ⅰ－4、Ⅱ－3・4、Ⅲ－4）

『近世琉球中国交流史の研究―居留地・組織体・海域―』（榕樹書林、2011年）

『琉球 交叉する歴史と文化』（共著、勉誠出版、2014年）

上原　静（うえはら　しずか）

1952年／沖縄国際大学名誉教授（Ⅱ－2、コラム3）

『琉球古瓦の研究』（榕樹書林、2013年）

『中世瓦の考古学』（共著、中世瓦研究会編、高志書院、2019年）

山田浩世（やまだ　こうせい）

1982年／沖縄県教育庁文化財課史料編集班・沖縄国際大学非常勤講師（Ⅲ－1・2・3、コラム6・7）

（小野百合子共著）「戦後沖縄における資料収集・編纂と近年のデジタルアーカイブの取り組み」（歴史学研究会編『歴史学研究』№1024、績文堂出版、2022年）

「琉球における社会危機と復興―19世紀前半の「上からの村落立て直し」と褒賞―」（中塚武監修・鎌谷かおる・佐藤大介編『気候変動から読みなおす日本史（6）近世の列島を俯瞰する―南から北へ』臨川書店、2020年）

藤波　潔（ふじなみ　きよし）
1969年／沖縄国際大学総合文化学部教授（Ⅳ－1、コラム12）
「プライス調査団との対峙」『宜野湾市史第8巻戦後資料編Ⅱ　伊佐浜の土地闘争（資料編）』（宜野湾市史編集委員会編、宜野湾市、2019年）
「「歴史総合」担当教員の資質向上と能力養成―歴史資料に対する習熟の観点から―」（『沖縄国際大学総合学術研究紀要』第21巻第1号　沖縄国際大学総合学術学会、2019年）

前田勇樹（まえだ　ゆうき）
1990年／琉球大学附属図書館一般職員・沖縄国際大学非常勤講師（Ⅳ－2・3）
『沖縄初期県政の政治と社会』（榕樹書林、2021年）
『つながる沖縄近現代史―沖縄のいまを考えるための十五章と二十のコラム―』（共編著、ボーダーインク、2021年）

高江洲昌哉（たかえす　まさや）
1972年／神奈川大学等非常勤講師・沖縄国際大学南島文化研究所特別研究員（Ⅳ－4）
『近代日本の地方統治と「島嶼」』（ゆまに書房、2009年）
『戦後沖縄の政治と社会―「保守」と「革新」の歴史的位相―』（共編著、吉田書店、2022年）

川島　淳（かわしま　じゅん）
1975年／沖縄国際大学非常勤講師・沖縄国際大学南島文化研究所特別研究員（Ⅳ－5）
『伊藤博文文書 秘書類纂』第1～16・99～113巻（編著、ゆまに書房、2007～2014年）
“Population movements of migrant Okinawan women during the collapse of the Empire of Japan : Wartime repatriation and Okinawan women in the South Sea Islands ” *Women in Asia under the Japanese Empire*, Tatsuya Kageki and Jiajia YANG ed., Abingdon: Routledge, 2023

市川智生（いちかわ　ともお）
1976年／沖縄国際大学総合文化学部准教授（Ⅳ－6）
『衛生と近代―ペスト流行にみる東アジアの統治・医療・社会―』（共編著、法政大学出版局、2017年）
『暮らしのなかの健康と疾病―東アジア医療社会史―』（共編著、東京大学出版会、2022年）

吉川由紀（よしかわ　ゆき）
1970年／沖縄国際大学非常勤講師（Ⅳ-7）
『沖縄戦を知る事典』（共編著、吉川弘文館、2019年）
『事典 太平洋戦争と子どもたち』（共著、吉川弘文館、2022年）

伊佐真一朗（いさ　しんいちろう）
1984年／沖縄市史編集担当／沖縄国際大学非常勤講師（Ⅴ-1、特論）
「障がい者」（『沖縄県史　各論編6　沖縄戦』沖縄県教育委員会、2017年）
「データにみる市民の戦争体験」（『沖縄市史　第5巻　戦争編』沖縄市、2019年）

謝花直美（じゃはな　なおみ）
1962年／同志社大学〈奄美-沖縄-琉球〉研究センター嘱託研究員・沖縄国際大学非常勤講師・沖縄国際大学南島文化研究所特別研究員（Ⅴ-2）
『沈黙の記憶1948年―砲弾の島伊江島米軍LCT爆発事件―』（インパクト出版会、2022年）
『戦後沖縄と復興の「異音」―米軍占領下 復興を求めた人々の生存と希望―』（有志舎、2021年）

佐藤　学（さとう　まなぶ）
1958年／沖縄国際大学法学部教授（Ⅴ-3）
『沖縄の基地の間違ったうわさ―検証34個の疑問―』（共編著、岩波書店、2017年）
『沖縄が問う日本の安全保障』（共著、岩波書店、2015年）

小濱　武（こはま　たける）
1986年／沖縄国際大学経済学部講師（Ⅴ-4）
『琉球政府の食糧米政策―沖縄の自立性と食糧安全保障―』（東京大学出版会、2019年）
「サトウキビ・ブームと農村の変容」（『沖縄県史　各論編7　現代』沖縄県教育委員会、2022年）

秋山道宏（あきやま　みちひろ）
1983年／沖縄国際大学総合文化学部准教授（プロローグ、Ⅴ-5、コラム11）
『つながる沖縄近現代史―沖縄のいまを考えるための十五章と二十のコラム―』（共編著、ボーダーインク、2021年）
『基地社会・沖縄と「島ぐるみ」の運動―B52撤去運動から県益擁護運動へ―』（八朔社、2019年）

野添文彬（のぞえ　ふみあき）

1984年／沖縄国際大学法学部准教授（V-6）

『沖縄県知事―その人生と思想―』（新潮選書、新潮社、2022年）

『沖縄米軍基地全史 』（歴史文化ライブラリー、吉川弘文館、2020年）

古波藏契（こはぐら　けい）

1990年／沖縄国際大学非常勤講師（V-7）

『つながる沖縄近現代史―沖縄のいまを考えるための十五章と二十のコラム―』（共編著、ボーダーインク、2021年）

澤田佳世（さわだ　かよ）

1974年／奈良女子大学生活環境学部准教授・沖縄国際大学南島文化研究所特別研究員（V-8）

『戦後沖縄の生殖をめぐるポリティクス―米軍統治下の出生力転換と女たちの交渉―』（大月書店、2014年）

「アジアの少子社会・日本と男性の産育参加」（白井千晶編『アジアの出産とテクノロジー―リプロダクションの最前線―』勉誠出版、2022年）

西岡　敏（にしおか　さとし）

1968年／沖縄国際大学総合文化学部教授（コラム4）

『琉球文学大系14　組踊〈上〉』（校注［共同］、ゆまに書房、2022年）

『沖縄民俗辞典』（分担執筆、吉川弘文館、2008年）

我部大和（がぶ　ひろちか）

1989年／沖縄国際大学総合文化学部准教授（コラム5）

「琉球進貢使節が観賞した灯戯・烟火・火戯に関する一考察 ―嘉慶二十三年の事例などを手がかりに―」（『藝能』27、2021年）

「『冊封琉球国記略』に記された組踊「銘苅子」に関する考察―「演戯故事」との内容比較を中心に―」（『沖縄芸術の科学』32、2020年）

納富香織（のうとみ　かおり）

1974年／沖縄国際大学南島文化研究所特別研究員（コラム8）

「50年代沖縄における文学と抵抗の『裾野』―『琉大文学』と高校文芸―」（『沖縄・問いを立てる6　反復帰と反国家』社会評論社、2008年）

「初期沖縄留学生の軌跡」（『沖縄県史　各論編5　近代』沖縄県教育委員会、2011年）

月野楓子（つきの　ふうこ）
1980年／沖縄国際大学総合文化学部講師（コラム9）
『「よりどころ」の形成史―アルゼンチンの沖縄移民社会と在亜沖縄県人連合会の設立―』（春風社、2022年）

及川　高（おいかわ　たかし）
1981年／熊本大学文学部准教授（コラム10）
『「宗教」と「無宗教」の近代南島史―国民国家・学知・民衆―』（森話社、2016年）

大学で学ぶ 沖縄の歴史

2023年（令和5）4月10日　第1刷発行

編　者　宮城弘樹（みやぎ ひろき）
秋山道宏（あきやま みちひろ）
野添文彬（のぞえ ふみあき）
深澤秋人（ふかざわ あきと）

発行者　吉川道郎

発行所　株式会社 吉川弘文館
〒113-0033 東京都文京区本郷7-2-8
電話 03-3813-9151
振替口座 00100-5-244
http://www.yoshikawa-k.co.jp/

組版・装幀＝朝日メディアインターナショナル株式会社
印刷＝亜細亜印刷株式会社
製本＝株式会社 ブックアート

ISBN978-4-642-00835-8